대학생을 위한
발표와 토론

• 지은이

송재일 공주대학교 국어교육과 교수
송주영 공주대학교 기초융합교육원 강의교수
정형근 공주대학교 기초융합교육원 강의교수
조현아 공주대학교 기초융합교육원 강의교수
차순정 공주대학교 기초융합교육원 강의교수

대학생을 위한
발표와 토론

초판 1쇄 발행 2017년 8월 31일
초판 5쇄 발행 2023년 2월 24일

저   자 송재일·송주영·정형근·조현아·차순정
펴 낸 이 박찬익
편 집 장 한병순
책임편집 강지영

펴 낸 곳 ㈜ **박이정**
주   소 경기도 하남시 조정대로45 미사센텀비즈 8층 F827호
전   화 031)792-1195
팩   스 02) 928-4683
홈페이지 www.pjbook.com
이 메 일 pijbook@naver.com
등   록 2014년 8월 22일 제2020-000029호

ISBN 979-11-5848-337-1 03700

* 책값은 뒤표지에 있습니다.

대학생을 위한 발표와 토론

Presentation and Debate
Theory and Strategy

송재일 | 송주영 | 정형근 | 조현아 | 차순정 지음

(주)박이정

CONTENTS

제 1 장

발표와 토론의 기초

1. 의사소통과 화법

　요즈음 '혼밥', '혼술'이라는 말이 유행한다. 혼자서 밥을 먹고, 혼자 술을 마시는 모습은 행복하다기보다는 어딘지 모르게 외로워 보인다. 어느 시인은 "외로우니까 사람이다"라고 읊었다. 사람은 근원적으로 외로운 존재인지 모르겠지만, 외롭게 사는 것이 과연 행복한 일일까? 서로 대화를 나누며 더불어 살아가는 삶이 행복한 일이 아닐까? 사람들은 수만 년 동안 집단을 이루며 서로의 유대감 또는 공동체 의식을 가지면서 살아왔다. 앞으로도 그렇게 살아갈 것이다. 더불어 사는 세상은 무엇보다도 서로의 소통이 중요하다. 소통이 부족하면 서로 반목과 질시, 갈등을 일으킬 수밖에 없다. 최근 우리나라에서 정권 실패의 원인은 무엇일까? 그 중 하나를 소통의 부재로 꼽고 있다. 정권뿐만 아니라 개인의 성공과 실패도 소통에 달려 있다. 하버드대학에서 직장에서 해고된 사람들의 해고 원인을 연구한 일이 있다. 이 연구에서 해고된 사람들의 대부분이 관련 업무의 지식이나 기술이 부족해서라기보다는 의사소통 능력이 부족하기 때문이라는 연구 결과를 내놓았다. 오늘날 우리 사회에서 자기 역할을 다하고, 공동체의 일원으로서 살아가려면 상황에 맞도록 의사소통을 지혜롭게 할 수 있는 능력이 무엇보다도 필요하다.

　인간이 의사소통을 하는 것은 근본적으로 한 개인이 외부 세계와 정보와 느낌 등을 주고받으면서 의미를 조정해나가는 과정이다. 의사소통은 상대방에게 자신의 생각을 일방적으로 전달하는 것이 아니라 서로의 생각을 '주고받는' 것이다. '소통(疏通)하다'라는 말은 '어떤 사람이 다른 사람과 의견이나 의사를, 또는 둘 이상의 사람이 의견이나 의사를 서로 잘 통하다.'라는 뜻을 가지고 있다. '의사소통'은 '가지고 있는 생각이나 뜻이 서로 통함'을 의미한다. 의사소통이라는 의미를 가진 'communication'은 '나누다, 함께 하다, 분배하다'의 의미를 가진 라틴어 어원인 'communicare'에서 유래되었다. 따라서 의사소통은 최소한 두 사람 이상이 서로 관계를 맺으면서 언어적 행위를 '함께 나누는 과정'이다.

그렇다면 화법이란 무엇인가? 화법은 삶을 함께 공유하는 의사소통 행위 또는 의사소통 방법이다. 화법의 본질은 삶을 함께 공유하는 것으로 이는 바로 인간관계를 맺는 것이다. 즉 화법은 상호 교섭 작용의 성격을 가지고 있다. 화자는 자기가 원하는 일정한 목적에 도달하기 위해 듣는 이에게 음성 언어, 몸짓이나 표정 등을 사용하여 표현한다. 청자의 입장에서는 말하는 상대방의 이야기를 이해하게 된다. 그러므로 화법이란 생각이나 느낌을 일방적으로 전달하는 것이 아니라 화자와 청자가 함께 의미를 만들어 나가는 과정이다. 그러므로 곧 사회의 일원이 될 대학생은 발표와 토론, 토의 등을 통하여 자아를 표현하고 지식과 정보를 습득하며 일상생활에서 부딪히는 문제를 해결할 수 있는 능력을 길러야 한다. 더불어 정서를 교감하며 원만한 대인 관계를 형성·유지할 수 있는 역량을 길러야 한다.

고등학교 '화법' 교육과정에서 학습을 통해 기를 수 있는 역량을 비판적·창의적 사고 역량, 자료·정보 활용 역량, 의사소통 역량, 공동체·대인 관계 역량, 문화 향유 역량, 자기 성찰·계발 역량 등으로 제시하고 있다. 대학생들은 무엇보다도 이와 관련하여 차원 높은 역량을 발표와 토론 등의 이론과 실제를 통해 길러야 한다. 그래야만 미래 사회에서 진정한 리더가 될 수 있다. 이 교과목을 통해 길러야 할 역량은 다음과 같다.

첫째, 다양한 상황이나 자료, 담화, 글을 주체적인 관점에서 해석하고 평가하여 독창적인 의미를 부여하는 수준 높은 비판적·창의적 사고 역량을 길러야 한다.

둘째, 필요한 자료나 정보를 수집·분석·평가하고 이를 효과적으로 활용하여 의사를 결정하거나 문제를 해결하는 자료·정보 활용 역량을 길러야 한다.

셋째, 음성 언어, 문자 언어, 기호와 매체 등을 활용하여 생각과 느낌, 경험을 표현하거나 이해하면서 의미를 구성하고 자아와 타인, 세계의 관계를 점검·조정하는 의사소통 역량을 길러야 한다.

넷째, 사회에 나가 실천하게 되는 공동체의 가치와 공동체 구성원의 다양성을 존중하고 상호 협력하며 관계를 맺고 갈등을 조정하는 공동체·대인 관계 역량도 길러질 것이다.

이러한 역량을 기를 수 있는 기법으로서 발표와 토론은 매우 중요하다. 발표는 다양한 매체 자료를 효과적으로 활용하여 청자의 이해를 돕도록 내용을 구성해야 한다. 발표는 추론을 통해 정보를 논리적으로 연계하여 자료에 담긴 중요한 내용을 해석하여 제시할 수 있어야 한다. 말을 할 때에는 청자의 이해를 돕기 위하여 효과적인 표현 전략을 적절하게 사용하는 능력이 필요하다. 이를 위해 성량이나 어조를 적절하게 조절해야 하며 손짓, 몸동작, 시선도 적절해야 한다. 토론의 형식 중에서 반대 신문식 토론은 입론 및 반론 단계에서 상대측이 발언한 내용에 대해 논리적 허점이 드러나도록 묻고 상대측의 답변을 듣는 토론의 절차다. 상대측 발언을 단순히 확인하는 수준에 머물지 않고 상대측 논증의 신뢰성, 타당성, 공정성을 비판적으로 검토하는 질의·응답으로 반대 신문 단계를 운영하게 된다. 이러한 과정에서 논제를 깊이 이해할 수 있고, 토론이 역동적으로 전개되고, 토론자간 생각의 교환이 적극적으로 이루어져 논제에 대한 이해가 심화될 수 있다. 토론의 결과로 합의 또는 유대 강화와 사회 결속을 이룰 수 있으며, 이를 통해 사회의 갈등이나 문제의 해결이 가능하다.

2. 의사소통과 자아 개념

현대 사회에서 개인의 정체성을 규정하고 사회적 삶을 성공적으로 실행하기 위해서는 무엇보다도 대인 관계가 중요하다. 대인 관계를 형성, 발전, 유지하기 위한 매개는 의사소통이다. 의사소통을 통한 대인 관계를 결정하는 중요한 요인의 하나가 자아 개념이다. 자아 개념은 다른 사람이 나를 어떻게 생각하느냐에 대한 나의 생각이다. 자아 개념은 자신의 내부에 있지만 타인에게서 자신에 대해 들어온 메시지에 의해 형성된다. 즉, 자아 개념은 대인 관계를 통해 형성되고 발전된다. 그리고 그 대인 관계가 어떻게 전개되느냐에 따라 자아 개념이 긍정적으로 또는 부정적으로 형성될 수 있다. 자아 개념은 타인과의 의사소통 방식에 영향을 미친다. 타인으로부터 긍정적 메시지를 많이 들은 사람은 긍정적 자아 개념을 가지게 된다. 부정적 메시지를 주로 들은 사람은 건강하지 못한 부정적 자아 개념을 가진다.

의사소통에서 긍정적 자아 개념을 가진 사람은 자신을 적극적으로 드러내며, 타인의 반응을 능동적으로 수용한다. 대인 관계에서 자신 있는 태도를 취하지만 오만하지 않다. 모르는 것은 모르겠다고 하고, 잘못된 것은 옳지 않다고 솔직하게 말을 한다. 칭찬을 적절하게 수용하고, 비난을 모면하는 길을 찾는 데 시간을 소모하지 않는다. 그러나 부정적 자아 개념을 가진 사람은 타인과 의사소통을 하는데 소극적이고, 타인의 반응을 쉽게 수용하지 못한다. 칭찬을 제대로 받아들이지 못하고 자신이나 타인의 성공에 대해 끊임없이 투덜거리거나 비웃는 태도를 취한다. 상대는 그를 부정적 자아 개념을 가진 사람으로 규정하여 다시 부정적 메시지를 전달하게 된다. 그 과정이 순환되면서 부정적 자아 개념이 더 확고해 진다. 타인에 의해 형성된 자아 개념일지라도 자아 개념의 변화는 개인의 깊은 곳의 정체성과 관련이 있으므로 무엇보다도 자신의 정신적 심리적 태도가 중요하다. 부정적 자아 개념을 가지고 있다면 부정적 자아 개념의 악순환 고리를 끊고 긍정적 자아 개념으로 변화될 수 있도록 적극적인 태도와 노력이 필요하다.

한편으로 적정 수준의 자기 노출도 중요하다. 대인 관계에 적극적으로 참여하기 위해 자아 노출을 한다. 처음 만나 관계가 형성되면서 자신의 정보를 상대에게 알림으로써 자아노출이 시작된다. 자아 노출의 정도가 더 많아질수록 서로를 편하게 느끼게 되며 서로의 관계가 깊어진다. 자아 노출의 정도는 자신의 내면을 어디까지 말할 수 있는지와 관련된다. 만난 지 얼마 안 되는 사람에게 자아 노출을 너무 심하게 하는 것은 바람직하지 않다. 자아를 드러내는 속도가 서로 받아들이기에 적절해야 한다. 관계에 따라 자아 노출 정도를 적절히 조절해야 서로 받아들이기가 편하고, 바람직한 관계로 발전할 수 있다.

3. 화법의 성격과 요소

(1) 화법의 성격

화법은 첫째로, 무엇보다도 구두 언어성이 있다. 말하기와 듣기가 중심인 화법은 문자 언어와 다른 성격을 가지고 있다. 문자 언어는 쌍방향적 소통보다는 일방적 전달 방식에 가깝다. 문자 언어는 글 쓰는 이의 전달 내용에 의존하여 메시지가 소통된다. 그러나 구두 언어 의사소통은 화자와 청자가 서로 역할을 바꾸어 정보의 생산 및 교환에 참여하여 쌍방향적 소통이 이루어진다. 그래서 언어적 의사소통뿐만 아니라 비언어적 의사소통을 역동적으로 사용하여 메시지를 소통한다. 의사소통 참여자들은 '지금, 여기'라는 시간과 공간적 상황을 공유하면서 서로 상호작용을 통해 의미를 만들고 공유하게 된다.

둘째로 화법은 상호 교섭성이 있다. 이 성격은 의사소통 참여자들의 역동적인 언어 교섭에 의해 의미가 새롭게 구성되어 간다는 것을 의미한다. 전통적인 의사소통 모델은 의사소통 행위를 정보의 투입과 산출이라는 단선적이고 일방적인 정보 처리의 관점에서 화자가 청자에게 메시지를 전달하는 과정으로 파악하는 것이다. 그러나 실제로 의사소통은 화자와 청자가 의미를 주고받는 과정이기 때문에 필수적으로 화자와 청자의 상호작용을 바탕으로 이루어진다. 메시지는 의사소통을 하는 사람에 의해 동시에 처리된다. 의사 소통자 'ㄱ'은 메시지를 부호화하여 보내면 의사 소통자 'ㄴ'은 피드백을 부호화하여 이것을 다시 'ㄱ'에게 보낸다. 이러한 단계에서 쌍방 모두는 한 가지 일만 하는 것이 아니다. 부호화하고 해독하는 것은 동시에 일어날 수 있다. 화자는 청자로부터 비언어적인 피드백을 받고, 그것을 해독함과 동시에 음성 언어적 메시지를 보낼 수도 있다. 이러한 교류적 의사소통 모델에서는 굳이 화자와 청자가 메시지를 주고받지 않더라도 메시지는 동시에 전달되고 수신될 수 있기 때문에 다 방향적이다.

셋째로 화법은 자기 정체성과 대인 관계적 성격이 있다. 상호 교섭적 화법의 과정은 참여자들의 정체성을 배경으로 이루어진다. 즉, 지신들의 독특한 삶이나 그로 인해 쌓인 독특한 의미 세계를 바탕으로 화법 과정에 참여한다. 그러한 참여 과정에서 자신만의 의미 세계를 조정해 간다. 그리고 화법은 상대와 더불어 소통하는 행위로 사회 구성원들이 서로 관계를 맺는 대인 관계성을 가지고 있다. 관계를 맺고 유지하는 데 있어 가장 중요한 가치는 인정과 배려로써 상대와의 소통이다. 관계성은 화자와 청자 사이에 관계에 따라 무슨 말을 어떻게 주고 받고, 주고받은 메시지를 어떻게 해석할 것인가를 결정하는데 중요한 요소다.

넷째, 화법은 사회·문화적 성격이 있다. 시대마다, 문화 집단마다 나름대로의 화법의 문화적 전통이 있다. 원래 말은 일종의 생명체로 역동적 힘을 가지고 있다. 원래 말은 사고, 관계, 영혼, 결속 등의 힘을 가지고 있다. 또한 말의 문화는 사회 계층이나 집단, 역사적 배경에 따라 담화행위에서 일정한 특성을 보인다. 이러한 화법의 전통은 화법의 방법을 규정하고, 일정한 규범성을 가지고 화법의 태도를 판단하는 기준이 된다.

(2) 화법의 요소

화법의 과정을 구성하면서 화법의 과정에 중요한 영향을 끼치는 요소는 요 화자, 청자, 메시지, 장면(상황) 등이 있다. 이 구성요소들이 동시에 작동하면서 유기적으로 결합하여 담화를 이끌어 간다.

1) 화자와 청자

화자는 화법의 가장 기본적인 요소이며, 화자에 따라 말하기 효과가 달라진다. 아리스토텔레스는 화법의 세 요인을 화자의 인격으로써 에토스, 감성에의 호소로써 파토스, 이성에의 호소로써 로고스를 들었다. 그는 좋은 사람을 인격이 훌륭한 사람으로 보았다. 밀러는 좋은 화자의 요건을 자신감, 신임, 역동성을 들었다. 의사소통에서 화자의 성격과 영향력은 매우 중요하다. 신뢰성이 있는 사람이 할 때와 그렇지 않은 사람이 할 경우의 영향력은 다르다는 것이다.

화자의 태도에 따라 자기 주장적인 화자, 자기 비주장적인 화자, 공격적인 화자로 나눌 수 있다. 자기 주장적인 화자는 청자의 인격과 권리를 존중하면서 자기 자신의 권리를 지키기 위하여 자신의 사상과 감정을 솔직하게 표현하는 사람이다. 그는 자신의 사상과 감정을 명확하고 직접적인 전언으로 표현한다. 비언어적 행동은 자신 있고 일관성 있는 메시지를 전달하며, 목소리는 따뜻하고 명확하며 당당하고, 눈은 따뜻한 시선으로 접촉한다. 이러한 화자는 상호 존중하며 결과는 나도 승리 너도 승리(win-win, no lose)다.

자기 비주장적인 화자는 자신의 권리와 타인의 정당한 권리를 옹호하지 못하거나 표현하지 못하고 자신의 신념에 따라 행동하지 못하며, 주위 상황이나 힘에 의해 영향을 받고 조정되는 사람이다. 그는 상황이 어떻든 저항이나 불평 없이 복종적으로 받아들이는 행위를 하며, 대체로 자존심이 약한 사람이다. 그는 극한 상황에 처하면 갑자기 울거나 웃으며, 높은 언성으로 공격적인 행동을 하거나, 그러한 행동을 하자마자 죄책감과 수치심을 느끼며, 타인이 자신을 조종하도록 내버려 둔다. 이러한 화자는 타인에 대하여 경멸과 분노를 보이며 죄의식과 좌절감을 등을 주게 되며, 결과는 나도 실패 너도 실패(lose - lose)다.

공격적인 화자는 음성이 크고 대담하며, 적대적인 태도로 말하는 사람이다. 그는 강제적이고 투쟁적인 방법으로 타인에게 폐를 끼치더라도 자기의 목적을 달성하려는 사람이다. 이러한 화자는 자기는 긍정하지만 타인은 부정한다. 함축적인 단어를 사용, 비난, 오만한 단어를 사용하며, 거만하고 건방지며 비꼬는 태도를 보인다. 이러한 화자는 타인에게 상처와 굴욕감을 주며 방어적이고, 결과는 나는 승리 너는 실패(win - lose)다.

청자는 화자와 같이 의사소통이 이루어지는 데 중요한 구실을 한다. 의사소통은 일방적으로 이루어지는 것이 아니라 상호 작용을 통해 이루어지기 때문이다. 의사소통이란 정해진 메시지를 어떤 경로를 통해 전달하는 것이 아니라 의사소통에 참여한 사람들에 의해 해석된 것만이 의미 있는 행동이나 발화로 받아들여지는 활동이다. 의사소통은 상대에게 고정적인 의미를 단순히 전달하는 것이 아니라 의사소통 참여자들이 함께 의미를 창조하는 것이다. 의사소통이 원만히 이루어지게 하려면 화자는 청자나 청중을 고려해서 말해야 하고 청자나 청중도 의사소통 행위에 적극적으로 참여하여야 한다.

일단 의사소통이 시작된 다음에는 화자와 청자가 똑같은 비중을 가지고 대화에 참여하는 의사소통자가 된다. 상대방의 의도를 정확히 파악하고 적극적인 피드백을 해 주어야 의사소통 참여자는 자신의 생각과 느낌을 분명하게 표현할 수가 있다. 상대방의 나이·직업·기분·문화 등과 더불어 표정·몸짓·행동 등의 비언어적 메시지까지 적극적으로 파악하고자 하는 노력을 게을리 해서는 안 된다.

2) 메시지와 맥락

메시지의 내용과 구조는 의사소통에 영향을 끼치는 주요한 요인이다. 메시지에는 화자의 사상·감정·가치·믿음 등이 포함된다. 메시지를 선택하고 조직할 경우에는 청자의 요구·지적 수준·성격·출생지·직업·성별·경제 사정·종교 등 상대방을 구성하고 있는 세세한 요소들을 고려하여야 한다. 화법에서 소통되는 메시지는 언어에 담긴 의미에 의한 메시지로서 언어 메시지, 발화라는 행위를 통해 표현되는 발화 메시지, 담화를 통해 참여자들의 정체성이 드러나는 정체성 메시지, 참여자 사이나 참여자와 담화의 내용에 등장하는 인물이나 대상과의 관계가 드러나는 관계 메시지 등이 있다. 메시지를 제시하는 방법은 논리적으로 또는 감성적으로 호소할 것인가, 통계 자료 또는 개인 경험을 근거로 할 것인가, 상대방보다 먼저 의견을 제시할 것인가 나중에 할 것인가, 상반되는 의견은 어떻게 처리할 것인가, 상대와 의견 차이의 크기는 어떻게 할 것인가 등이 고려되어야 한다.

맥락은 의사소통의 배경으로서 '장면' 또는 '상황맥락'이라고도 하며 의사소통의 전반적인 과정에 관여하는 요소이다. 맥락은 시·공간과 사회·문화적 맥락으로 구분된다. 시간과 공간은 대인 의사소통에 많은 영향을 끼친다. 동일한 주제로 동일한 청자에게 말할 때에도 언제 어디에서 말하느냐에 따라 그 결과는 달라진다. 시·공간 맥락은 배경 상황을 의미하는 미시적 개념으로 쉽게 변하고 개별적이다. 그러나 사회·문화적 맥락은 오랜 세월을 거쳐 형성된 것으로 쉽게 변하지 않을 뿐만 아니라 집단적이다. 사회·문화적 맥락은 현대 사회의 복잡하게 얽혀진 세대 간 문화의 차이, 다양한 집단들의 사회·문화적 차이, 이념의 차이 등을 배경으로 한다. 이러한 문제는 의사소통을 통해 해결해야 할 과제이다.

4. 화법의 원리

우리는 다른 사람과 대화를 자연스럽게 이어나가려면 어떤 일정한 원리나 규칙을 지키는 것이 효율적이다. 의사소통은 기본적으로 화자와 청자의 '협력'을 전제하는 행위이다. 화자는 상황이나 주제에 맞게 말을 하고 청자는 화자의 말을 근거로 상대방의 의도를 여러 단서를 바탕으로 하여 추론한다. 의사소통은 이렇게 효율적인 의사소통을 추구하려는 화자와 청자의 협력에 의해 가능해진다. 하지만 의사소통은 협력의 원리에 의해서만 이루어지는 것이 아니라 상대방을 인격적으로 존중하고 대우하는 태도가 전제되어야 한다. 의사소통 과정에서 이렇게 상대방을 존중하고 대우하는 태도가 공손성의 원리다. 그러나 협력의 원리와 공손성의 원리만으로도 의사소통이 온전히 이뤄지는 것은 아니다. 의사소통은 기본적으로 사람과 사람 사이의 긴장 관계 속에서 이루어지는 역동적인 체계이기도 하다. 의사소통에서 인간의 본성인 독립성과 연관성 사이의 긴장 관계를 적절히 유지하려는 거리 유지의 원리도 중요한 요소다.

(1) 협력의 원리

그라이스(Grice, 1975)는 대화의 상호성을 바탕으로 협력의 원리를 제시하였다. 협력의 원리란 대화의 가장 기본적인 전제인 상호성을 바탕으로 하는 것으로 사람들이 대화를 할 때는 반드시 지금 이루어지고 있는 의사소통의 흐름에 맞는 말을 해야 한다는 것이다. 그라이스가 제시한 양의 격률, 질의 격률, 관련성의 격률, 태도의 격률을 살펴보자.

1) 양의 격률

양의 격률은 필요한 만큼만 정보만을 제공하라는 것이다. 필요 이상의 많은 정보를 제공하지 말라는 것이다. 의사소통을 하는 동안은 화자와 청자 간의 정보 공유의 상황이 지속된다. 이는 언어의 정보 전달 기능으로 우리가 대화를 통해 서로 가까워지기도 하고 서로를 알아 가도록 해 주는 기본적인 토대가 된다. 그러나 정보를 전달한다고 하여 필요 이상의 정보를 말하거나 최소한의 정보도 주지 않는 경우는 양의 격률을 위반한 것이다. 다음 예문에서 양의 격률을 어긴 부분을 찾아보자.

가: 너의 고향이 어디니?

나: 우리 아버지의 고향은 서울이고, 어머니 고향은 대전인데, 나의 고향은 공주야.

2) 질의 격률

질의 격률은 진실성과 관련이 있다. 화자는 거짓이라고 생각하는 것이나 타당한 증거를 갖고 있지 않은 것은 말하지 않아야 한다. 거짓말을 잘하는 사람들이나 엉뚱한 말을 잘 꾸며내는 사람들은 질의 격률을 어기는 것이다. 질의 격률을 자주 위배하면 인간관계에서 부정적인 영향을 받게 된다. 다음 예문에서 질의 격률을 어떻게 어겼는지 알아보자.

가: 기말시험 준비를 못했는데, 수업 시간에 정리한 노트 좀 빌려줘라.

나: (수업 시간에 꼼꼼하게 노트를 했으면서도) 나는 노트 같은 거 없어.

3) 관련성의 격률

관련성의 격률은 이야기하고 있는 화제와 관련성이 있는 말을 하라는 것이다. 관련성은 주어진 주제와 관련이 있다는 것이며, 그 의사소통의 목적을 달성하기 위해 적당하다고 판단되는 것을 의미한다. 관련성의 격률은 대화를 유지하는데 기본이 되며, 관련성이 없는 대화를 계속 나누는 것은 불가능하다. 따라서 대화를 나누며 무엇보다 중요한 것은 현재 대화하고 있는 화제나 방법과 관련이 있는가를 파악하여 주어진 상황 속에서 가장 적합한 맥락을 선택하여 대화에 참여하는 것이 필요하다. 다음 예문에서 관련성의 격률을 어떻게 어겼는지 알아보자.

가: 요즘 상영되는 영화중에 볼만한 것이 없을까?

나: 요즘 시립 미술관에서 세잔느 특별전을 한대.

4) 태도의 격률

태도의 격률은 간단명료하게, 자기의 의도가 분명히 드러나도록 말하라는 것이다. 태도의 격률을 지키려면 먼저 모호성을 피해야 한다. 모호성은 주로 생각을 언어로 표현할 때 적설한 용어를 사용하지 못하는 데서 온다. 그리고 하나의 표현이 둘 이상의 의미로 해석되는 중의성을 피해야 한다. 그리고 간결하게, 조리 있게 순서대로 말을 해야 한다. 다음 예문에서 태도의 격률을 어떻게 어겼는지 알아보자.

　　가: 이번 주말에 우리 술 한 잔 할까?
　　나: 글쎄, 주말에 여자 친구를 만나려고 했는데 만나야 되나. 좀 쉬고도 싶고... 해야
　　　　할 과제도 많고... 술도 한 잔 하고 싶고...

대화를 원활하게 하기 위해서 이러한 협력의 원리들이 필요한 것이 사실이다. 그럼에도 불구하고 어떤 사람들은 의도적으로 격률을 위배하여 자신의 의도를 함축적으로 전달하는 경우도 있다. 다음 예문에서 이러한 경우를 찾아보자.

　　가: 너, 그 여자 친구와 헤어졌니?
　　나: 나, 좀 피곤하다.

이 대화는 관련성을 어긴 것이 되지만, '나'는 '좀 피곤하다'는 말로 그 여자 친구와 헤어졌다는 의미를 함축하고 있다. 따라서 대화는 위와 같은 원리로 진행된다기보다는 상황, 문맥, 이야기에 대한 배경 지식, 상대방에 대한 태도 등의 요인이 작용해서 이뤄진다. 실질적인 대화는 언제나 협력의 원리에 의해만 이뤄지는 것은 아니다. 대화에 참여하는 사람들이 서로에게 협력하려는 마음가짐이나 태도도 중요하다고 할 수 있다.

(2) 공손의 원리

공손성의 원리란 정중어법으로 대화 참여자들 사이에서 공손하고 예의바르게 말을 주고받는 태도를 가리킨다. 대화 참여자들은 서로의 인격을 존중하고 예의를 갖추어 정중어법을 최대화하고 상대방에게 정중하지 않은 표현은 최소화하는 노력이 필요하다. 이러한 정중어법이야말로 대화를 이어가는 기본적인 태도다. 리치(Leech, 1983)가 제시한 공손의 원리는 이익과 부담을 기준으로 요령의 격률과 관용의 격률, 칭찬과 비방을 기준으로 찬동의 격률과 겸양의 격률, 동의를 기준으로 동의의 격률로 나눌 수 있다.

1) 요령의 격률

요령의 격률은 상대방에게 부담이 되는 표현은 최소화하고 상대방의 이익을 극대화시키라는 것이다. 상대방이 듣기 싫어하는 말을 하는 것보다는 상대방이 듣기 좋은 말을 하는 쪽이 훨씬 더 예의를 잘 갖춘 것이 된다. 상대방에게 수고로움이나 손해를 끼치는 말을 하는 것보다는 상대방에게 도움이나 이익이 되는 말을 하는 편이 훨씬 정중한 표현이 된다. 상대방을 배려하여 상대방의 부담을 줄여 줌과 동시에 상대방에게 혜택을 주는 것이 요령의 격률이다. 다음 예문을 요령의 격률에 맞게 바꿔보자.

차가운 바람이 들어오니까 창문 좀 닫아.

2) 관용의 격률

관용의 격률은 화자 자신에게 혜택을 주는 표현은 최소화하고 자신에게 부담을 주는 표현을 최대화하라는 것이다. 이것은 다시 말해 의사소통 상황에서 다른 사람이 지게 될 짐을 대신 자신이 지라는 것이다. 다음 예문을 관용의 격률에 맞게 바꿔보자.

좀 분명히 말해주세요. 무슨 뜻인지 모르겠어요.

3) 찬동의 격률

찬동의 격률은 상대에 대한 비방을 최소화하고 칭찬을 극대화하라 것이다. 또 그 사람이 마음에 들지 않더라도 내색하지 말고 조용히 있는 것이 좋다. 대화 상황에서 찬동의 격률을 지키는 것은 상대방과의 원만한 관계를 유지해 나가는 데 있어 중요한 역할을 한다. 다음 예문을 찬동의 격률에 맞게 바꿔보자.

이런 옷을 왜 샀어요? 색상도 별로 좋지 않고, 그 옷을 입으니까 더 뚱뚱해 보여요?

4) 겸양의 격률

겸양의 격률은 자신에 대한 칭찬은 최소화하고, 자신에 대한 비방을 극대화하라는 것이다. 자신을 낮춤으로써 겸양의 격률을 지킬 수 있다. 특히 우리 문화권에서는 상대방의 칭찬에 자신을 낮추어 말하는 것이 일반적이다. 하지만 상대방의 칭찬을 매몰차게 부정하

거나 자신을 분별없어 보일 정도로 깎아내리는 것은 바람직하지 않기 때문에 상황에 따라
적당한 수준을 고려하여 겸양의 격률을 지키는 것이 좋다. 다음 예문을 겸양의 격률에 맞
게 바꿔보자.

> 가: 너, 오늘 화장을 참 예쁘게 했다. 나는 화장이 좀 어색해.
> 나: 그래? 나는 얼굴이 예쁜데다가 원래 화장도 예쁘게 잘 해.

5) 동의의 격률

동의의 격률은 자신의 의견과 상대방의 의견 사이의 차이점을 최소화하고 일치점을 최
대화하라는 것이다. 동의의 격률이 지켜질 경우 대화 참여자 사이에는 갈등이나 대립을
찾기 어렵다. 상대방의 의견을 존중해 주고 상대방과의 일치를 강조함으로써 갈등이나 대
립을 피할 수 있다. 다음 예문을 동의의 격률에 맞게 바꿔보자.

> 가: 배고픈데, 우리 어디 가서 점심이나 먹자.
> 나: 나는 별로 배 안고파. 너나 가서 먹어.

이와 같이 공손성의 원리란 자기중심적인 입장보다는 상대방의 입장에서 바꾸어 표현
하라는 원칙이다. 상대방을 존중한다는 것은 곧 자신의 인격을 높이는 행위이다. 공손성
의 원리를 통해 상대방에게 올바른 대화 예절을 갖추는 것은 자신의 좋은 인격을 드러냄
과 동시에 자신의 인격을 연마해 나가는 좋은 방법이기도 하다.

(3) 적절한 거리 유지의 원리

대인 관계를 발전시키기 위해서는 적절한 거리 유지와 자아 노출이 필요하다. 일반적으
로 사람에게는 두 가지 상반된 욕구가 있다. 하나는 자신의 영역을 침해받지 않고 지키고
자 하는 독립성의 욕구이며, 다른 하나는 타인과 관계를 맺고자 하는 연관성의 욕구이다.
이 두 가지 욕구는 고슴도치의 거리 유지 비유로 설명할 수 있다. 고슴도치들은 겨울의
추위를 피하기 위해 한 곳으로 모여 서로에게 다가간다. 그런데 너무 가까이 다가가다 보
면 그 날카로운 가시에 서로 찔리게 되니까 다시 멀리 떨어지게 된다. 그러다 보면 다시
추워진다. 서로에게 다시 다가간다. 이렇게 여러 차례를 반복하다 보면 가시에 찔리지 않

을 만큼의 거리를 유지하면서도 추위를 적절히 피할 수 있을 만한 최적의 지점을 찾게 된다. 이렇게 마치 고슴도치가 서로 추위도 피하고 상대방의 가시에도 찔리지 않을 만큼의 거리를 찾기 위해 다가섬과 물러섬을 반복하는 것처럼 인간들도 의사소통을 하며 상대방과의 최적의 거리를 찾기 위해 노력한다.

　라코프(Rakoff)는 대화를 위한 요건으로 적절한 거리유지의 원리를 제시하였다. 첫째, 상대방과의 거리를 유지하라는 것이다. 상대방의 독립성을 존중해 줌으로써 상대를 편안하게 해준다. 둘째, 상대방에게 선택권을 주고, 상대방으로 하여금 자신의 의견을 말하도록 하라는 것이다. 이 둘째의 요건이 적절한 거리 유지의 원리에서 가장 유의해야 할 점이다. 자신의 의사를 일방적으로 전달하지 않고 상대에게 의사를 묻는 방식으로 자신의 의도를 전달하는 것이 바람직하다. 이 방법은 대개 우회적인 간접적 표현으로 실현된다. 우회적이고 간접적인 표현은 상대방에게 미칠 영향까지 고려하기 때문에 상대방과 정면충돌을 피할 수 있게 된다. 이러한 지침은 독립성과 연관성의 상반된 욕구 사이에서 균형을 잡아 적절한 거리를 유지하는데 적절하다. 셋째, 항상 우호적인 태도를 견지하라. 이러한 태도를 견지하면 상대방과 연관성을 확보할 수 있다.

5. 말하기와 듣기 전략

(1) 말하기

1) 말하기의 기본자세

　일반적으로 음성 언어는 주로 지식적인 정보를 전달하고, 동작 언어는 주로 감정적인 정보를 전달한다. 언어적 표현은 어휘, 문장 등의 형태로 나타나는 기호에 의해 이뤄지는 의미작용을 말한다. 반언어적 표현은 발음, 조음, 고저, 어조, 속도, 크기 등 언어 표현에 직접적으로 매개되어 의미 작용하는 것을 말한다. 비언어적 표현은 자세, 얼굴 표정, 눈맞춤, 몸 동작, 손동작 등 언어 표현과는 독립적으로 의미작용을 할 수 있는 것을 말한다. 효율적인 의사소통을 위해서는 무엇보다도 정확한 발음으로 의미가 분명히 드러나도록 어법에 맞게 말하는 것이 중요하다. 참말과 거짓말, 할 말과 못할 말을 구별하여 말해야 한다. 공식적인 상황에서는 표준 발음으로 정확히 말해야 하며, 내용과 상황에 어울리는 낱

말을 선택하여 말해야 한다. 목적, 대상, 상황에 따라 적절한 억양, 성량, 속도, 어조로 말하고, 시선, 표정, 몸짓 등을 적절히 조절해야 한다.

말을 한다는 것은 상대방에게 무엇을 가르쳐 주거나 상대방을 설득하거나 상대방의 신뢰를 얻거나 상대방에게 감명을 주거나 하는 행위이다. 우리들은 일상생활에서 최소한의 말하는 기술을 익히고 있고, 살아가는 데 큰 불편함 없이 생활 언어를 구사하고 있다. 전달력과 설득력을 높이기 위해서는 다음과 같은 요령이 필요하다.

첫째, 강조해서 말한다. 말하려는 사실에 힘을 주어 더 실감나게 표현하면 청자에게 깊은 인상을 주게 된다. 가장 중요한 부분을 강조함으로써 청자가 쉽게 이해할 수 있도록 도와주고, 화자가 중요하게 생각하는 부분을 청자로 하여금 효과적으로 받아들일 수 있게 한다. 강조하기 위해서는 대부분 목소리를 크게 내는데, 오히려 중요한 부분에서 작은 목소리로 표현하는 것이 효과적일 경우도 있다.

둘째, 띄어서 말한다. 말하기는 유창하게 말하는 것에만 목적을 두는 것이 아니라, 청자를 공감시키는 데에 목적을 둔다. 그러므로 띄어서 말하기는 매우 중요하다. 효과적인 말하기를 위해서는 우선 의미를 확실히 이해하도록 띄어서 말해야 하며, 표현하고자 하는 감정적 · 정서적 의도를 제대로 전달할 수 있도록 호흡을 조절해야 한다. 중요한 말을 하기에 앞서 충분한 간격을 두고, 단어와 단어 사이에 몸짓 · 모습 · 억양 · 침묵 등을 띄어서 말하면 한층 더 호응을 얻을 수 있다.

셋째, 감정을 실어서 말한다. 말하는 내용을 자신의 이야기처럼 머릿속에 그리면서 절실한 감정이 담긴 목소리로 표현할 때 청자의 반응이 커진다. 화자가 감정을 싣지 않고 그저 알고 있는 사실만 밋밋하고 건조하게 전달하면 효과는 미미해진다. 가슴이 아프도록 슬픈 일은 슬프게, 화나는 일은 화를 내는 감정을 실어서 이야기하라. 그래야만 상대방이 화자와 마찬가지로 슬픈 느낌과 화난 느낌을 느끼게 될 것이다.

넷째, '나−전달법'으로 말한다. 흔히 우리는 "너는 매일 늦는구나."라는 식의 '너−전달법'으로 표현한다. 이렇게 말하면 상대방의 감정이 상하기 쉽다. 상대방은 비난을 받으면 감정이 상해서 잘못을 인정하기보다는 같이 변병하거나 상대방을 비난하여 서로의 관계가 악화될 수 있다. 반면에 '나−전달법'은 모든 인간 관계에서 효과적이다. 나를 전달하기 위해서는 나를 괴롭히는 상대방의 행동을 비난 없이 말하고, 상대방의 행동이 나에게 미치는 구체적인 영향, 그때 내가 느끼는 감정을 포함해야 한다. 그래야만 상대방이 나의 감정이 어떠한가를 정확하게 알 수 있고, 당신의 불편한 사정을 이해할 수 있다.

다섯째, 정확하게 말한다. 상대방에 대해 이야기할 때 흥분하지 않고 객관적으로 말한다. 자신의 생각이나 기분을 이야기할 때는 솔직하게 말한다. 그러기 위해서는 자신의 감정을 억제할 수 있는 자제력과 함께 자신을 그대로 보여줄 수 있는 용기가 있어야 한다. 또한 좀 더 구체적으로 이야기하려는 마음 자세를 가져야 한다.

2) 반언어적 표현

목소리는 말하는 사람의 인상을 규정짓게 된다. 미국의 심리학자 알버트 메라비안(Albert Mehrabian)는 의사 전달에서 비중은 말의 '내용'이 7%, 목소리가 38%, 표정이 35%, 태도가 20%를 차지한다고 하였다. 이는 의사소통에서 목소리가 얼마나 중요한가를 알 수 있다. 목소리의 고저나 강약, 장단, 억양 등을 어떻게 조절하느냐에 따라 청자에게 화자의 이야기를 잘 이해시킬 수도 있고, 그렇지 않을 수도 있다. 그러므로 목소리의 음색이나 목소리에 얹혀서 나타나는 여러 가지 준언어적 요소들은 성공적인 의사소통을 위한 하나의 비결이 될 수 있다. 청자에게 정확하게 들리고 잘 알아들을 수 있게 하기 위하여 목소리의 고저·강약·장단·속도 등을 조절해야 한다.

첫째, 적당한 높이로 말한다. 좋은 목소리는 말소리의 높이가 지나치게 극단적이지 않고 고저에 적당한 변화가 있는 것이다. 피치가 높아야 하는지 낮아야 하는지는 그때그때의 경우에 따라 다르겠지만, 말할 때만은 높은 피치보다 낮은 피치로 말하는 편이 좋다.

둘째, 적당한 크기로 말한다. 적당한 크기의 목소리는 강약의 변화가 들어가는 목소리이다. 화자는 목소리를 크게 낼 수 있는 습관을 붙여야 한다. 호흡작용이 강하지 못하고 입을 벌리는 크기가 적절하지 못하면 힘 있는 목소리를 낼 수 없다.

셋째, 강도와 강세가 적절하게 말한다. '강도'는 정서적 긴장을 반영하는 조절된 음성에너지로서 말하는 태도와 그 문장의 의미 속에 내포된 감정의 힘이 음성의 강도를 결정짓는다. '강세'는 한 줄 또는 한 구절 대사 가운데서 특히 힘을 주어 말해야 하는 점을 강조해서 말하는 것이다.

넷째 억양이 적절해야 한다. 억양은 말의 오르내림을 말한다. 억양은 말을 하는 사람의 감정을 드러내는 말에 붙는 소리의 표정이라고 할 수 있다. 만일 말에 오르내림이 없고, 천편일률적으로 하면 곧 단조로워 져 싫증이 나 생생한 말로 들리지 않을 것이다. 그런 만큼 억양은 말의 표현이 감각적인 매력을 지니는 데 있어서 중요한 역할을 한다.

다섯째, 공백 표현을 잘 살려 말한다. 공백은 하나의 말을 하고 다음 생각이 머릿속에서 제2의 말이 되어 나올 때까지의 시간적 휴지를 말한다. 능숙한 화자는 '공백'이 단순히 쉬는 '사이'가 아니라는 것을 알고 말과 말 사이의 공백을 잘 활용할 줄 안다.

여섯째, 알맞은 속도로 말한다. 말을 잘 하기 위해서는 말의 속도 또한 변화를 주어야 한다. 만일 똑같은 속도로 말하면 청중은 단조로움을 느끼게 되고 이로 인해 졸게 된다. 그러므로 이야기의 장면이나 청자의 이해 정도, 감정의 반응 등을 고려하여 말의 속도를 적절히 바꿀 필요가 있다.

3) 비언어적 표현

실질적인 의사소통은 언어적 표현과 비언어적 표현이 적절하게 조화를 이룰 때 효과가 크다. 그럼에도 불구하고 일상에서 우리는 음성 언어에 비해 비언어적 표현을 소홀히 여기는 경우가 많다. Birdwhistell(1952)에 의하면 비언어적 표현인 동작 언어가 65~70% 정도의 메시지를 전달한다고 한다. 이처럼 의사소통에서 동작 언어가 차지하는 비중은 매우 크다는 것을 알 수 있다.

① 얼굴 표정과 머리

우리는 특수한 경우를 제외하고 상대방의 얼굴을 보며 이야기한다. 대화가 시작되기도 전에 상대방의 얼굴 표정을 보고 많은 정보를 파악할 수 있다. 그리고 이러한 것은 대화가 끝날 때까지 지속된다. 시각, 청각, 후각, 미각, 촉각 등 감각을 느낄 때 얼굴이 가장 먼저 반응한다. 슬픔, 기쁨, 증오, 절망, 치욕, 즐거움, 화남 등에 따라 웃기도 하고, 울기도 하고, 양미간을 찡그리기도 하고, 입가가 올라가기도 하고, 눈을 흘겨 뜨기도 하고, 입을 벌리거나 오므리거나 내밀거나 한다. 화자는 청자의 표정을 통해 그 사람이 현재의 이야기에 얼마나 관심이 있고 얼마나 이해하고 있는지 살펴야 한다. 따라서 그 반응에 따라 사용하는 어휘의 수준이나 길이, 내용 등을 바꾸기도 하고 소재나 주제를 바꾸기도 해야만 의사소통을 지속할 수 있다.

얼굴 표정은 내용의 변화에 따라 적절히 변화해야 한다. 즐거운 이야기를 할 때는 즐거운 표정을, 진지한 이야기를 할 때는 진지한 표정을 지어야 한다. 그러나 화난 표정이나 지나치게 흥분된 표정은 피하는 것이 좋다. 실수를 하더라도 예사스런 표정으로 지나쳐야만 그 실수가 필요 이상으로 확대 해석되지 않는다. 또 대개 말을 할 때의 얼굴 표정은 부드럽고 담담한 표정을 짓는 것이 무난하다. 그렇지만 똑같은 얼굴 표정일지라도 상황에 따라 다르게 해석될 수 있다는 사실을 명심해야 한다. 상대방이 곤란한 상황에 처해 있을 때 웃는 표정은 상대방을 조소한다는 의미로 해석될 수 있기 때문이다.

의사소통을 할 때 머리의 자세도 중요하다. 머리 전체의 자세에서 정신적, 신체적 상태가 나타난다. 머리를 푹 숙이면 기운이 없어 보이고, 어깨를 폄과 함께 머리를 똑바로 들면 활기찬 기운이 넘쳐 보인다. 싫으면 머리를 가로 젓거나 돌리기도 하고, 옳으면 머리를 끄덕이기도 한다. 물론 머리로 신체적 정신적 상태를 나타낼 때는 몸통과 함께 움직여야 더욱 의미가 명확히 드러난다.

② 눈과 눈빛

눈은 표정의 일부가 될 수도 있으나 눈은 대화 중 가장 초점이 모아지는 곳이기 때문에 의사소통에서 아주 중요한 역할을 한다. 어떤 사람이 불성실하거나 진실하지 않은 이야기를 할 때는 상대를 바라보는 것이 대화 시간의 1/3도 안 된다고 한다. 대화에서 긍정적 상황은 상대에게 흥미를 느끼는 경우로 동공이 확대되고, 부정적 상황은 상대에게 적대감을 가지는 경우로 동공이 수축된다고 한다. 또 눈은 감정이나 느낌의 변화를 가장 잘 드러내 준다. 따라서 상대의 눈을 보며 이야기하는 것은 적극적이고 능동적인 대화자에게 꼭 필요한 요소이다. 눈동자의 움직임이나 눈빛, 시선을 주는 빈도수, 시선의 각도 등 대화의 내용에 따라 눈의 모습이 달라지며 눈을 깜빡거리는 횟수도 달라진다. 따라서 눈을 잘 살피는 것만으로도 의사소통을 하는 데에 있어 매우 중요한 정보를 얻을 수 있다.

눈을 사용하는 기술 가운데 가장 중요한 것은 시선 처리이다. 상대방의 눈을 자연스러우면서도 따뜻하게 응시하는 것은 서로간의 교감을 형성시켜 주는 역할을 한다. 시선은 말하는 사람의 자신감이나 상대방과의 교감 정도를 보여주는 징표가 될 수 있다. 같은 시선이라도 그 의미는 문화권에 따라서 다르게 해석될 수 있다. 동양권에서는 말을 할 때 상대방을 똑바로 쳐다보지 않지만, 서양권에서는 상대방의 눈을 똑바로 쳐다보면서 이야기하는 것이 바람직하다.

하지만 상대방의 눈을 너무 빤히 오래 쳐다보고 이야기하는 것은 결례가 된다. 상대방을 똑바로 바라보고 이야기하는 것이 어색할 경우에는 두 눈썹 사이나 그 아랫부분 즉 코의 윗부분 정도에 시선을 두는 것이 자연스럽다. 시선은 청중에게 골고루 보내는 것이 좋다. 특히 화자로부터 무관심하기 쉬운 위치에, 즉 멀리 있는 사람에게 신경을 쓴다. 눈의 움직임에도 주의가 필요하다. 어떤 사람은 고개는 돌리지 않고 눈동자만 움직이는 사람이 있는데, 이는 꼭 피해야 하는 태도이다. 눈을 돌린 방향으로 얼굴도 자연스럽게 돌리는 것이 자연스런 눈의 움직임이다.

③ 몸짓

사람의 기분이나 감정, 전달하고자 하는 말의 내용에 따라 몸짓은 달라진다. 상대방을 비난하는 말을 할 때는 목의 근육이 긴장하고 숨이 거칠어지며 한쪽 팔을 펴고 손가락으로 상대방을 가리키는 몸짓을 사용하기도 한다. 그러나 이성적인 대화를 하는 경우에는 몸짓의 사용이 거의 없고, 몸은 굳어 있으며 입도 거의 움직이지 않는다. 흥분을 하거나 강조를 할 때는 주먹을 불끈 쥐거나 팔을 뻗고, 자신이 없거나 감정이 가라앉을 때는 고개를 떨구거나 주변의 물건을 만지작거린다. 성공적인 대화를 위해서는 몸짓을 통해 자신의 생각이나 느낌을 더 효율적으로 나타낼 뿐 아니라 상대방의 몸짓 속에 담겨 있는 생각과 느낌을 파악하는 과정도 중요하다. 일반적으로 손바닥을 비비는 것은 긍정적인 기대를 나타내며, 말하는 도중 손을 입으로 가져가거나 코 주위를 만지는 것은 거짓말을 하고 있다는 것이며 귀 주변으로 손이 가는 것은 상대의 말을 듣기 싫다는 신호, 뺨에 손을 대는 것은 관심의 표현, 턱을 만지는 것은 지금 결정을 내리는 중이라는 신호로 해석된다. 몸짓은 손과 팔, 몸과 허리, 다리와 발 등에 의해 행해진다. 이에 대한 특징을 살펴보자.

팔은 어떤 대상을 만지거나, 쥐거나, 들어 올리거나, 끌어 들리거나, 밀거나, 치거나 등의 자세와 강한지 약한지, 침착한지 불안한지, 피곤한지 힘찬지 등을 표현한다. 팔 끝에 붙은 손도 신체적 정신적 표현에 상당히 중요하다. 어느 지점을 한 손가락으로 가리키는 것과 여러 손가락으로 가리키는 것은 의미가 다르게 느껴진다. 거절 의사를 표현할 때 여러 말보다 손바닥을 펴고 냉정히 가로젓는 것이 더 강한 표현이 되기도 한다. 또한 주먹을 불끈 쥐거나 살짝 쥐거나에 따라 마음 상태의 표현이 상당히 다르게 나타난다.

허리, 목, 어깨, 엉덩이 등의 근육을 통해 움직이는 몸통은 전후, 좌우, 상하로 움직인다. 이러한 움직임은 접근 욕망이나 회피 충동에 영향을 받는다. 즉 몸은 어떤 대상에 대한 사랑, 관심, 욕심 등이나 두려움, 무관심 또는 슬픔, 절망, 기쁨, 머뭇거림 등 감정과 욕구에 따라 표현적인 동작을 한다. 몸통은 주로 유연한 허리에 의해 움직인다. 몸통의 큰 동작과 자세는 허리 부분에 의해 조절된다.

주로 신체를 이동시키는 다리는 어떤 대상과 접촉하거나 끊으려는 욕구를 표현한다. 몸통의 요구, 마음 상태 등이 다리에 의해 드러나기도 한다. 그래서 다리는 인체가 표현하고자 하는 것을 가장 잘 나타내는 신체 기관이다. 또한 다리 끝에 붙어있는 발은 몸통의 움직임, 조정, 유지 등 사람의 신체 상태를 나타낸다.

말할 때의 몸짓은 자연스럽고 명확해야 한다. 몸짓은 이야기 내용의 의미뿐만 아니라 내용이 시간상과도 일치해야 한다. 그리고 청자의 반응에 따라 몸짓을 조절해야 의사 전달에 효과적이다. 그러나 의사전달을 할 때, 두 다리 사이를 너무 넓게 벌리거나 몸의 체중을 한쪽 다리에 의존하지 않는 것이 좋다. 또한 뒷짐을 지거나 팔짱을 끼거나 손을 포켓 속에 넣거나, 옷자락 같은 데를 만지작거리지 않는다. 머리를 자주 쓸어 넘긴다거나, 얼굴에 손을 자주 갖다 댄다거나, 목덜미를 자주 움직이고 손으로 만지는 동작 등은 피하도록 한다.

(2) 듣기

화법에서 중요한 하나의 요소는 듣기다. 우리는 일차적으로 청각기를 통해서 지각된 음성적 정보를 머릿속에서 의미로 변형하는 고도의 인지적 과정을 거쳐 언어를 이해한다. 이것이 바로 '듣기'다. 듣기는 '소리 듣기(hearing)'와 '의미 듣기(listening)'로 나눌 수 있다. 소리 듣기는 외부에서 들려오는 물리적인 소리를 수동적으로 지각하는 활동이다. 의미 듣기는 주의를 기울여 소리를 지각하고 자신이 알고 있는 배경 지식과 관련하여 들은 정보를 조직화하고 해석하고 평가하는 일련의 인지적 과정으로 매우 능동적이면서도 적극적인 활동이다. 듣기는 정보 처리나 업무 처리에서만 중요한 것이 아니라 인간 관계적인 측면에서도 중요하다. 내가 어떤 자세와 태도로 상대방의 이야기를 들어주는가는 바로 상대방과 어떤 인간적 유대 관계를 맺는가의 문제와 직결된다.

그럼에도 불구하고 타인의 말에 경청하기가 쉽지 않다. 경청의 장애 원인은 복합적이다. 누가 더 머리가 좋고, 누가 더 능력이 있는지에 대해 비교 평가하기, 상대방이 어떤 반응을 보이는가에 대한 가정을 세워 짐작하기, 상대방이 말할 때 다음에 내가 할 말을 마음속으로 연습하기, 상대방의 판단을 단정하기 등은 듣기의 장애가 된다. 듣기의 장애는 상대방에게 듣는 이야기를 자신의 경험에 비추어 자기 위주로 생각하기, 지나치게 다른 사람의 문제를 본인이 해결해 주려는 충고하기, 상대방을 헐뜯거나 상대방의 견해를 깎아내리거나 빈정거리는 말다툼하기, 자기 생각이 무조건 맞는다고 생각하기, 대화 도중에 갑자기 이야기 주제를 바꾸는 탈선하기, 상대방의 말에 무조건 동의하며 달래기 등에서 발생한다. 발표와 토론에 필요한 몇 가지 듣기의 태도와 듣기 전략 대하여 살펴보자.

- 화자의 처지나 의견을 존중하며 듣는다.
- 열린 마음으로 화자의 말을 듣는다.
- 들을 때, 메모를 하는 등 듣기에 적극적으로 참여한다.
- 상대에게 제대로 내용을 이해하며 듣고 있다는 반응을 적절하게 한다.
- 상대의 말을 들으면서 자신의 듣기 활동을 조절한다.

1) 분석적 듣기

분석적 듣기는 상대방이 하는 말을 부분으로 쪼개서 각 부분들을 서로 분석하고 검토함으로써 그 전체 내용을 이해하는 방법이다. 이 듣기 방법은 강의나 선거 유세 연설, 뉴스 등의 각종 보도 자료, 텔레비전이나 라디오 등의 매체를 통한 광고 등 주로 비판적인 판단을 요하는 의사소통에서 유용하다. 분석적 듣기 방법의 목적은 단순히 들은 정보를 이해하고 수용하는 데 있는 것이 아니라 상대방의 입장이나 견해에 대하여 지적인 재검토 과정을 거쳐서 비판적으로 이해하도록 하는 것이다. '비판적'이란 말의 의미는 무조건 상대의 말을 부정한다는 것이 아니라 들은 내용을 확인하고 그 내용을 살펴서 보다 깊이 있게 이해하고, 몇 가지 판단 범주에 비추어 보아서 그 타당성을 검증해 보고 나서 신중하게 결론을 내린다는 의미이다.

분석적 듣기 방법은 논의되고 있는 내용의 타당성을 면밀히 분석하고 비판적인 검토를 행하는 과정을 통해서 상대방의 신념이나 추론에 대한 이해를 발전시키고 더 나아가 자신의 신념이나 추론에 대해서도 보다 잘 인식할 수 있도록 해 준다. 분석적 듣기는 상대방의 입장에서 듣는 공감적 듣기나 상호간의 이해라는 측면에서 듣는 대화적 듣기와는 달리 어디까지나 자신의 관점이나 입장을 견지하면서 메시지를 듣는다는 점에서 차이가 있다. 화자의 처지나 의견을 존중하며 듣는 분석적 듣기를 잘 하려면 다음 몇 가지에 유의해야 한다.

- 들은 내용에 대한 전체적인 밑그림을 그려 내용을 조직화한다.
- 자기 말로 핵심 내용을 조용히 재 진술해 본다.
- 상대방 주장의 타당성을 분석, 검토한다.
- 들은 메시지가 어떻게 적용될 수 있는지 자문해 본다.

2) 공감적 듣기

공감적 듣기란 상대방의 말을 분석하거나 비판하려는 데 목적이 있는 것이 아니라 감정이입의 차원에서 상대방의 생각이나 감정을 깊이 있게 이해하려는 데에 일차적인 목적이 있다. 칼 로저스(Carl Rogers)는 공감적 듣기란 "편견 없이 상대방의 개인적인 인식의 세계로 들어가서 그 사람에 대해 깊은 이해를 할 수 있게 되는 과정"이라 하였다. 상대방을 이해하려는 노력에서 비롯되는 감정이입은 일단 상대방의 관점에서 문제를 바라볼 수 있을 때 비로소 가능해진다. 공감적 듣기의 좋은 태도는 일체의 판단을 유보하고 상대방의 입장에서 자신이 이해하려고 노력하고 있음을 보여주는 것이다. 따라서 공감적 듣기는 상대방으로 하여금 방어벽을 허물고 신뢰와 친밀감을 갖도록 하는데 매우 중요한 역할을 한다.

사람은 누구나 상대방이 자신의 말을 귀 기울여 들어주고 그 누군가로부터 이해받기를 원한다. 물론 상대방의 말을 들어준다는 것이 상대방이 느끼는 것과 똑같은 감정을 갖는다는 것은 아니다. 상대방의 처지나 입장에서 그가 가질 수 있는 생각이나 감정을 최대한 인정해 주고 수용하려는 자세와 노력이 중요하다. 공감적 듣기의 핵심은 자신의 견해를 개입시키지 않고 상대방의 말을 들어주는 '들어주기'에 있다. 들어주기에는 소극적인 들어주기와 적극적인 들어주기가 있다. 소극적인 들어주기는 상대방에게 관심을 표명하면서 화자가 계속 이야기를 이어갈 수 있도록 화제의 맥락을 조절해 주는 격려하기 기술이다. 이에 비해 적극적인 들어주기란 청자가 객관적인 관점에서 문제에 접근할 수 있도록 화자의 말을 요약, 정리해주고 반영해 주는 역할을 통해서 화자가 스스로 문제를 해결할 수 있도록 도와주는 것이다.

공감적 듣기를 위해서는 무엇보다 수용적이고 비판적이지 않으며 윤리적으로 판단되지 않는 분위기를 조성해 주어야 한다. 상대방의 말을 집중해서 들으면서 상대방으로 하여금 기꺼이 자신의 이야기를 더 많이 끌어낼 수 있도록 격려해 주는 것이 필요하다. 화자의 말을 열린 마음으로 듣는 공감적 듣기를 잘 하려면 다음 몇 가지에 유의해야 한다.

- 상대방이 하는 말을 집중해서 들어주려는 태도를 갖는다.
- 상대방으로부터 더 많은 이야기를 끌어낼 수 있도록 상대방을 격려한다.
- 들은 내용을 자신이 이해한 말로 재 진술(paraphrase)한다.
- 상대방이 전하는 메시지를 귀와 함께 눈으로도 읽는다.

3) 대화적 듣기

대화적 듣기란 두 사람이 협력해서 함께 의미를 만들어가는 대화 상황에 적합한 듣기 방법이다. 원래 '대화(dialogue)'라는 말의 어원은 희랍어 'dia-logus'에서 온 것으로 'logos'라는 말을 스토아학파는 '모든 실재에 스며있는 활동적인 이성적·정신적 원리'로 규정하였다. 'dia-'라는 말은 '…을 통하여, …을 가로질러, …로 이루어진' 등의 뜻이 있다. 따라서 대화, 대담, 대화 형식, 의견 교환, 토론 등을 의미하는 'dialogue'라는 말은 이성적·정신적 원리를 가로질러 협력적으로 함께 의미를 구성해 간다는 뜻이 된다고 할 수 있다.

대화적 듣기를 방해하는 주된 장애 요인은 외부적인 요인이나 상대방이 아니라 대개 듣는 자기 자신일 경우가 많다. 상대방보다 자신의 입장이 더 중요하고, 상대방의 생각보다 자신의 생각만 옳다는 생각을 가지면 대화적 듣기를 잘 할 수 없다. '자신이 옳다'라는 말은 곧 '상대방이 틀렸다'는 말이 되기 때문이다. 상대방과 바람직한 인간관계를 유지하면서 협력적으로 의미를 만들어가려면 열려진 자세로 상대방의 이야기를 경청해서 들을 수 있어야 한다.

대화적 듣기는 분석적 듣기나 공감적 듣기와 달리 '화자'와 '청자'가 함께 의미를 구성해 나가는 과정에 주안점을 둔다. 대화적 듣기의 핵심은 지금 현재 '나'와 '너'가 함께 만들어가는 의미에만 집중하는데 있다. 적극적으로 듣기 활동에 참여하는 대화적 듣기를 잘 하려면 다음 몇 가지에 유의해야 한다.

- 상대방이 하는 말에 맞장구를 치는 등 흥미를 돋운다.
- 상대방이 의도한 의미를 제대로 이해하고 있다는 태도를 보인다.
- 상대방이 말한 내용을 분명히 이해할 수 없을 때 명료화하는 질문을 한다.
- 상대방에게 자신이 이해한 정도에 대해 긍정적이고, 즉각적으로 반응을 보낸다.

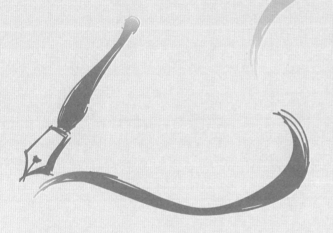

제 2 장

프레젠테이션의
이론과 전략

1. 프레젠테이션의 개념과 특성

(1) 프레젠테이션의 개념

　프레젠테이션(PT)이란 다양한 기술과 도구를 사용해 다른 사람 앞에서 자신의 의견을 말하고 상대방으로 하여금 감정의 변화를 일으키는 커뮤니케이션의 일종이다. PT는 현대를 살아가고 있는 사회인의 필수적인 능력이다. 비즈니스 현장이나 면접에서 PT의 역할이 커지고 있는데, 그 이유는 비즈니스 활동이 사람과의 관계에 의해 이뤄지며 사람의 마음을 움직이는 것은 소통의 힘이라고 보기 때문이다. 최근 국내 주요기업들이 신입사원 채용에서 PT 능력을 합격 당락의 가장 중요한 기준으로 삼고 있다는 것은 이에 대한 중요성을 말해주는 단편적인 예라고 할 수 있다.

　PT는 종합예술이라고 불리기도 한다. 단순한 음성으로만 전달하는 것이 아닌 눈짓과 몸짓, 목소리뿐 아니라 시각적, 청각적 자료를 이용해 무대 위 작품을 만들어내는 활동이기 때문이다. PT의 최종 목표는 청중의 설득이고, 우리는 청중의 의중을 정확히 파악하고 그들을 사로잡아야 한다. 따라서 어떻게 PT를 준비해야 하는지 그 방법과 그것의 구성 및 내용, 그리고 준비한 PT의 내용을 청중들에게 효과적으로 전달할 수 있는 방법에 대해 자세히 살펴보아야 한다.

(2) 프레젠테이션의 특성

　능숙한 PT를 위해 문서로 작성된 보고서에 비하여 말로 설명하는 PT가 가지는 장단점을 분석해 보자.

1) 프레젠테이션의 장점

말로 직접 PT를 할 때의 장점은 청중으로부터 즉각적으로 피드백을 받을 수 있다는 것이다. PT 현장에서 직접 질문을 받고 결정을 내릴 수 있다. 또 청중들이 얼마나 잘 이해하고 찬성하는가를 보면서 말하는 내용을 조절할 수 있다.

두 번째 장점은 말하는 사람이 청중을 통제할 수 있다는 것이다. 서류로 작성된 보고서는 사람이 읽어볼 것이라는 보장이 없다. 그에 비해 PT에서 발표자는 청중과 마주 보고 있다. 발표자는 발표의 속도를 조절하고 질문을 하며 청중들이 계속 집중하고 이해하도록 한다. 발표 중 잠시 멈춤, 제스처, 목소리와 속도의 변화 등과 같이 비언어적인 방식으로 사람들의 주의를 집중시킬 수도 있다. 또 PT에서 사용하는 시각 자료는 보고서에서 사용하는 것보다 효과가 높다.

세 번째 장점은 듣는 사람에 관한 것이다. PT의 청중은 별다른 노력을 하지 않아도 된다. 글을 읽는 것에 비하면 듣는 것은 노력이 적게 들고 즐거울 때도 있지만 서류로 작성된 보고서는 언어적인 내용만 제시하지만, PT는 언어적인 것과 비언어적인 것을 같이 제공하기 때문에 이해하기 쉽고 재미있다.

2) 프레젠테이션의 단점

PT가 많은 장점을 가지고 있음에도 불구하고 몇 가지 단점도 있다. 가장 큰 단점은 영속성이 없다는 것이다. 한번 발표하면 지나가 버리고 한두 시간이 지나면 발표한 자료는 잊힌다. 발표된 내용을 이해할 기회는 그때 한 번뿐인 것이다. 반면에 서류로 작성된 보고서는 이해될 때까지 여러 번 읽어볼 수 있다.

또한 PT를 시행하기 위한 준비와 장소 섭외에도 상당한 비용이 든다. 청중들을 불러 모으는 비용 또한 무시하지 못한다. 만약 특정 분야의 관리자들에게 전달사항이 있을 때, 전국에 산재해 있는 그들을 한 자리에 모아서 PT를 한다면 서류로 된 보고서로 알리는 것보다 훨씬 더 큰 비용이 소요될 것이다.

보고서를 사용할 것인가, 또는 PT를 할 것인가를 결정할 때는 위와 같은 장단점을 고려하여 결정해야 한다.

(3) 프레젠테이션 구성 요소

1) 내용(contents)

말한다는 행위에서 중심이 되는 요소는 콘텐츠, 즉 내용이다. PT에서도 내용 구성이 핵심적인 요소라 할 수 있는데 어떤 것을 말할 것인가를 정하기 위해서는 다양한 분석이 필요하다. 이 분석을 '3P 분석'이라 하며 이를 통해 어떻게 내용 구성을 할 것인지에 대한 기획이 동반되어야 한다. 목적과 목표를 정하고 자료를 수집한 다음 서론에는 주의를 집중시키고 흥미를 유발하는 주제와 관련한 메시지를 던진 다음 본론에서는 발표자가 전달하고자 하는 정보와 이를 뒷받침하는 근거들을 이야기하고 결론에서는 다시 한 번 핵심적인 이야기로 마무리 지어 전체가 논리적으로 이어지도록 해야 한다.

2) 시청각 보조자료(visual Aids)

PT에서 내용을 효과적으로 전달하기 위해 사용하는 보조적 자료로는 유인물이나 팜플렛 등 문자를 중심으로 구성된 인쇄타입의 자료들이 있다. 이 자료들은 단 시간 내에 말하기 어려운 내용들을 발표가 끝난 추후에 검토해 볼 수 있도록 하는데 유용하다. 또 복잡한 개념을 요약해 차트나 다이어그램, 그래프 등으로 요약 정리해 문자를 시각화하기도 한다. 이밖에도 지루할 수 있는 발표 중간 중간에 환기와 집중을 이끌어내기 쉬운 동영상 자료도 이에 해당되는데 최근에는 동영상 활용을 많이 하는 추세이다.

무엇보다 시각적 자료 활용의 대부분은 파워포인트 프로그램이 주를 이룬다. PT 하면 모두들 파워포인트를 생각하는데 그만큼 발표 자료를 만드는데 가장 널리 알려졌으며 유용한 프로그램이기 때문이다. 그러나 스토리 형식의 발표를 하고 싶을 때는 좀더 극적이고 시각적 효과를 높이기 위해 '키노트'나 '프레지' 프로그램을 이용한다.

3) 전달자(delivery)

PT의 목적은 현장에서 청중의 마음을 흔드는 것이다. 청중이 호감을 갖지 않으면 아무리 많은 공을 들여 준비를 해도 청중을 설득하기 어렵다. 전달자는 발표자로서 효과적이고 효율적으로 목적을 달성하는 사람이다. 사람의 호감을 이끌어내기 위해서는 발표자가 신뢰감을 주어야 하며, 외모 역시도 결과에 상당한 영향을 미치는 요소로 작용한다. 외모에서 비롯되는 첫인상은 우리의 지각과 인상을 왜곡한다는 연구결과도 있듯이 좋은 이미지는 사람 전체를 평가하는데 지속적으로 영향을 미치게 된다. 발표자는 음성적으로 잘 들리게 하기 위한 목소리 훈련부터 자세, 표정, 시선과 같은 비음성적인 요소들의 조화로 청중들과 커뮤니케이션할 수 있어야 한다.

2. 프레젠테이션 기획

어떠한 일을 시작할 때 가장 먼저 하는 일이 계획을 세우는 일, 즉 기획이다. 따라서 기획은 실제로 들이는 시간에 비해 전체적인 일에서 차지하는 비중이 상당히 높다. PT에서는 이 기획의 중요성이 더욱 높아진다. PT는 단독으로 이뤄지는 활동이 아니라 지금까지 진행해온 일을 최종적으로 보고하는 경향이 매우 강하기 때문이다.

그러나 PT의 기획이 이렇게 중요함에도 불구하고 실제 PT를 준비하면서 기획에 대한 깊은 고민이 이뤄지고 있지 않은 것이 현실이다. 시간이 부족한 상황에서 기획을 위한 시간을 따로 낸다는 것이 부담스럽다는 의견이 대부분이다. 그러나 방향을 정확히 답지 않고 일을 진행하면 결국 몇 배의 수고와 시간을 들여야 한다는 사실을 꼭 기억해야 한다. PT 기획을 얼마나 잘했는지에 따라 PT의 성패가 결정될 수도 있다.

(1) 3P 분석

PT는 말하는 사람의 시점이 아니라 듣는 사람의 시점에서 이야기해야 청중을 이해시키고 납득시킬 수 있다. 그런데 발표자들은 대부분 말하는 사람의 시점에서 제안하는 경향이 있다. 청중의 시점이 아니기 때문에 듣는 사람이 알고 싶어 하는 점은 무시되고 말하는 사람이 내세우는 점이 제안의 대부분을 차지한다. 이런 발표자의 PT는 대체로 이야기가 길어지고 요점이 모호하다. '똑똑한 사람으로 보이고 싶다', 'PT를 잘하는 것처럼 보이고 싶다', '이 분야의 전문가로 보이고 싶다'라는 식으로 자신을 포장하려고 지나치게 의식하다보면 PT의 내용이나 전달하는 방식이 발표자 위주로 겉돌게 된다. 따라서 PT를 성공적으로 이끌기 위해서는 내가 전달하고 싶은 이야기를 하는 것이 아니라 청중이 듣고 싶은 이야기를 하는 것이 중요한 요소가 된다.

이를 위해 PT를 기획할 때 3P분석이 선행되어야 한다. 3P란 'purpose', 'people', 'place' 이렇게 세 가지를 의미하는데 성공적인 PT를 위한 필수 분석 단계라 할 수 있다.

1) 목적과 목표 설정(purpose)

발표를 하는 목적이 설득이냐 정보냐 오락이냐에 따라 무엇을 어떻게 왜 말해야 하는지가 달라진다. 때문에 내가 지금 하는 이 PT가 수업 중 정보를 위한 과제발표인지 홍보나 설득을 위한 목적인지를 파악하는 것을 가장 우선으로 고려해야 할 것이다. 목적이란 지향하는 바를 뜻하며 목표는 목적을 위한 세부적인 절차나 계획을 의미한다.

PT의 목적은 '설명형', '설득형', '제안형'으로 구분해 볼 수 있다. 설명형은 정보 전달을 위한 것이다. 청중이 PT의 내용을 이해하고 기억할 수 있도록 하는 것이 PT의 핵심이 된다. 반면 설득형 PT는 청중의 행동을 변화시키기 위한 것이다. 제안형 PT는 설명형과 설득형의 중간에 위치해 있다. 내용의 이해를 통해 청중의 마음이나 선호도에 영향을 미치는 것이 목적이다.

한편, PT가 끝난 이후에 PT를 통해 무엇을 달성하고자 하는가는 PT의 목표가 된다. PT의 목적에 대해 언제까지 어느 수준의 현실적인 결과물을 달성할 것인가에 대한 답을 준비하는 것이 PT의 목표이다. 따라서 PT의 목적에 따라서 목표는 그 내용이 달라질 수밖에 없다.

목적에 대한 분석 요소

1. 설명형 PT

설명형 PT의 경우 지식을 전달하는 것이 주목적이 된다. 발표자의 입장에서는 '전달하다', '가르치다'와 같은 행위가 중심이 되고 청중의 입장에서는 '이해하다', '기억하다'와 같은 결과물이 중심이 된다. 따라서 이러한 설명형 PT는 발표 진행의 빠르기, 시간 전략, 내용 구성, 청중 관리 방안에서 설득형 PT와 달라야 한다.

- 발표진행의 빠르기 : 상대방이 이해할 수 있도록 하기 위해서 발표 속도가 빨라서는 안 된다. 특히 청중과 쌍방향으로 소통해야 한다. 많은 양을 전달하기보다는 적은 양의 핵심 메시지를 확실하게 전달하는 것이 중요하다. 설명형 PT의 경우 청중이 내용의 한 부분을 이해하지 못할 경우 내용에 대한 관심이 급격하게 떨어질 수 있기 때문에, 청중의 이해를 확인하며 진행하는 것이 중요하다.
- 시간 전략 : 청중의 집중력은 보통 20분을 넘기지 못한다. 따라서 발표자는 전략상 20분에 한 번씩 청중의 주의를 환기할 수 있는 방법이 필요하다. 이를 위해 적절한 사례, 동영상, 이미지 자료를 활용할 수 있다면 좋다.
- 내용 구성 : 설명형 PT의 내용은 꼼꼼하고 체계적으로 준비할 필요가 있다. 내용이 갑자기

어려워지거나 내용의 단절이 있는 경우 청중은 흐름을 이해할 수 없다. 따라서 발표자는 내용의 흐름을 정교하게 짜야 한다. 반면, 발표 진행 중에는 청중의 이해 상태를 고려하여 틀에 구애받지 않고 유연하게 진행하는 것이 좋다.

- 청중 관리방안 : 틈틈이 질문을 하여 청중의 관심을 지속적으로 유지해야 하며 청중의 이해도를 확인하는 것이 좋다. 반면, 중간에 청중의 질문이 나온다면 즉시 답을 해 주는 것이 좋다. 관련된 내용을 확실히 알고 있어야 이후에 제시되는 내용을 이해하기 편하기 때문이다.

2. 설득형 PT

설득형 PT의 경우 청중의 신뢰를 확보하여 행동을 변화시키는 것이 중요하다. 이를 위해 발표자는 설득하고 확신을 주기 위한 내용을 준비해야 하고, 청중이 그 내용을 동의하고 인정할 수 있도록 해야 한다.

- 발표 진행의 빠르기 : 내용의 중요도에 따라 PT의 속도를 결정해야 하지만, 일반적으로 처음은 천천히 시작하되 중요하지 않은 내용은 빠르게 진행하는 것이 좋다. 반면 중요한 내용은 느리고 강하게 전달하는 것이 좋다.
- 시간 전략 : 가급적 청중의 집중력이 유지되는 시간을 넘기지 않는다. 청중의 경우 집중력이 떨어지는 시간으로 발표가 이어지면 내용에 대한 관심도가 떨어질 뿐 아니라, 발표 내용 자체에 대해 부정적인 생각을 품을 수 있다. 설득이 목적이라면 가급적 30분 이내의 내용으로 구성하는 것이 좋다.
- 내용 구성 : 내용의 구성은 지식 전달을 위한 이성적 측면과 더불어 청중의 변화를 위한 감성적 측면도 신경을 써서 준비하는 것이 좋다. 이성적 측면에서는 청중에게 주어지는 혜택과 행동해야 하는 이유에 대한 논리적 제시가 필요하다. 감성적 측면에서는 청중과 공감하고 신뢰할 수 있는 내용이 들어가야 한다.
- 청중 관리방안 : 중간에 질문이 나올 경우 즉시 답하는 것보다는 추후 질문들을 함께 몰아서 답하는 것이 효과적이다. 따라서 별도의 질문시간이 있음을 사전에 알리는 것이 좋다. 왜냐하면 상대의 신뢰를 얻고 움직임을 유도하기 위한 내용의 전달에서는 흐름이 중요한데 중간중간 질문을 다루다 보면 이런 메시지의 흐름이 끊어질 가능성이 높기 때문이다.

3. 제안형 PT

제안형 PT은 설명형 PT와 설득형 PT의 중간적 성격을 띤다. 따라서 내용의 이해와 청중의 심적 변화라는 측면에서 PT을 준비하고 진행해야 한다.

- 발표 진행의 빠르기 : 청중의 이해를 위해 천천히 발표를 진행하되 내용에 따라 속도를 조절하는 것이 좋다.
- 시간 전략 : 가급적 30분 이내의 발표 내용을 준비한다.

- 내용 구성 : 내용의 깊이는 핵심 내용을 중심으로 정리하되 감성적인 요소에 대한 고민이 필
  요하다.
- 청중 관리방안 : 질문은 가급적 별도의 시간에 처리하되 핵심적인 질문이라면 바로 처리해
  주는 것이 더 낫다.

2) 청중분석(people)

PT을 기획할 때 청중분석은 빼놓을 수 없는 요소이다. 목적 설정이나 흐름 설계 역시 중요하지만 청중분석을 하지 않은 채 기획을 하게 되면 멋진 PT을 하고도 청중들이 전혀 공감을 하지 못하게 되는 경우가 생긴다. PT도 소통의 한 과정이므로 메시지를 전달받을 수신자에 대한 명확한 이해가 있어야 전달과정에서의 오해 소지를 최소화할 수 있다. 참석자들의 인원이나 연령, 직급, 의사결정자 분석, 어떤 커뮤니케이션 스타일을 좋아하는가 등에 대한 분석을 해야 한다.

청중에 대한 분석 요소

1. 청중의 규모
- 소수일 때 : 체계적이고 구체적인 테마를 가지고 진행한다. 보조자료는 한꺼번에 나눠주기
  보다 발표 시 설명하고자 하는 시점에서 배포한다. 또한 자유롭게 질문할 수 있게 하고 일상
  적인 대화와 비슷한 어조, 제스처를 사용한다.
- 다수일 때 : 전체가 이해할 수 있는 일반적인 주제를 선정하고 복잡한 비주얼자료는 자제한
  다. 배포할 자료가 있다면 시작 전 일괄적으로 배포한다. 목소리와 제스처는 조금 더 크게 천
  천히 사용한다. 질문은 발표가 끝난 뒤에 하도록 한다.

2. 청중의 학력 및 교육수준
- 참석한 청중의 학력·전공·경력사항 등을 사전에 확인한다.
- 학력이 높고 지식수준이 높은 청중 : 양면제시(장·단점 모두 제시), 논리적 설명, 전문 영어,
  통계적 데이터를 준비한다. 통계 수치, 실험 결과, 문헌, 조사 자료, 권위 있는 사람의 의견 등
  논리를 보강할 자료를 풍부하게 준비해야 한다. 이를 토대로 발표 내용의 논리를 세움은 물
  론 질의응답에도 매끄럽게 대응할 수 있도록 준비한다.
- 학력이 낮고 교육수준이 낮은 청중 : 일면 제시(장·단점 중 한쪽만 제시), 사례, 경험담 위주

로 자료를 준비한다. 쉬운 말과 짧은 문장, 단순한 논리로 자상하게 풀어간다.

– 보통의 지식수준을 가진 청중 : 일상적으로 사용하는 언어와 문장, 논리 체계를 사용하여 쉽게 표현하도록 한다. 부득이하게 전문 용어를 사용할 경우 자상하게 설명한다. 주제를 청중의 일상사와 연결시키고 경험담이나 사례를 충분히 든다.

3. 직업(업종)이나 담당 업무

– 전문가 : 추후 발생할 수 있는 질문에 대해 충분한 추가 데이터와 반론을 준비한다. 또한 해당 업종의 전문용어, 상용어를 사용하면 공감을 얻을 수 있기 때문에 해당 업종에서 사용하는 전문 용어를 준비하면 좋다.

– 일반인 : 전문용어 사용을 자제하고, 생활에서 체험할 수 있는 사례를 활용한다.

4. 청중의 연령

– 젊은 층 : 미래지향적이며 도전적인 내용을 많이 담는다. 설교조를 피하고 실례를 많이 든다. 나이의 차이를 느끼지 않도록 현재 사례 위주로 이야기한다.

– 중년층 이상 : 현실적인 제안을 한다. 논리적이며 다각도의 방향을 제시한다. 청중이 얻을 수 있는 이익을 제시한다.

5. 청중의 심리 상태

– 친근한 청중 : 유머를 많이 사용하고 개인적 경험을 말하기도 한다. 사람들과 화기애애한 분위기를 유지하고 새로운 PT 방법을 시도하기도 한다.

– 중립적 청중 : 차분하면서도 잘 정돈된 방식으로 진행한다. 통계 자료, 사실 자료, 전문가 의견 등을 많이 제공하면서 논리적으로 진행한다.

– 무관심한 청중 : 유머, 만화, 시각자료, 흥미 있는 통계 등을 제시하여 간단하게 진행한다. 이런 청중들에게 피해야 할 것은 발표 장소를 장시간 어둡게 하거나, 한 자리에만 고정하여 발표하거나, 청중들이 적극적으로 참여하게 하는 것 등이 있다.

– 적대적 청중 : 객관적 자료, 전문가 의견 등을 제시하면서 될 수 있는 대로 객관적으로 설명한다. 유머를 사용하거나 부적절한 예를 들지 않아야 한다. 질의응답 시간은 가급적 피하고 그렇지 못하면 사전에 문의로 질의하도록 한다.

3) 장소 분석(place)

PT를 진행하는 장소나 환경, 자리배치 등에 따라 발표효과가 달라질 수 있으므로 현장 확인은 필수다. 조별로 앉아있는 형태의 좌석배치는 장시간 앞만 보고 진행하면 자세가 불편해져 집중도가 떨어질 수 있으므로 유인물 등도 함께 확인한다거나 조별로 활동을 할 수 있는 PT를 준비해가면 좋다. 세로로 긴 강의실의 경우 슬라이드 글씨가 너무 작으면 뒤쪽에 앉은 사람들은 화면 내용이 잘 보이지가 않을 수 있고, 책상이 없고 의자만 있는 경우 역시도 이를 고려해 발표준비를 해야 현장에서 당황하는 일이 없어진다. 필요한 경우 담당자에게 자리배치를 요구해 효과적인 시간이 될 수 있도록 하는 것이 좋다.

강의실 형태에 따른 배치도

1. U자형 배치의 특징
- 강사에 대한 집중도가 높다.
- 스크린을 바라보는 시야가 넓어진다.
- 참석한 청중의 참여도가 높아진다.
- 외부 PT의 제품설명 및 영업발표를 가질 때 효과적이다.

2. 일반 강의식 배치의 특징

- 강사에 대한 집중도가 낮아진다.
- 스크린을 바라보는 시야가 넓어진다.
- 참석한 청중의 참여도가 낮아진다.
- 설명의 형식에 적절하다.

3. 그룹별 토의식 배치의 특징

- 강사에 대한 집중도가 낮아진다.
- 스크린의 바라보는 시야가 넓어진다.
- 그룹별 참여도가 높아진다.
- 목표에 대한 결과를 효과적으로 도출한다.

4. 극장식 배치의 특징

    – 강사에 대한 집중도가 높아진다.

    – 스크린을 바라보는 시야가 좁다.

    – 강사와 청중간의 상호작용이 어렵다.

    – 단시간에 대규모의 참석인원을 수용 시 적절하다.

(2) 5W1h 기법

3p 분석이 이루어진 후에는 5W 1h 기법을 통해 PT을 전략적으로 구상하고 전체를 가다듬어야 한다.

1) When – 언제 발표하는가?

발표 일정에 맞춰서 준비하는 기간이 필요하다. 기초 분석과 자료 수집, 자료 정리, 스토리보드 작성, 디자인 제작, 리허설, PT의 순서로 이루어진다.

2) Where – 어디에서 발표할 것인가?

3p 분석의 장소 분석 외에도 장소에 대한 고려사항은 다양하게 존재한다. 발표장의 여건에 따라 필요한 부자재가 필요할 수 있고, 자료 전달 매체가 달라질 수 있다. 회의장 크기, 인원수, 실내 분위기, 스크린의 신선도 및 밝기, 빔프로젝터의 밝기와 소음, 교탁

유무, 음향시설의 유무, 마이크의 종류(무선, 유선) 등을 체크해야 한다. 또한 PT에서 집중도를 높이는 가장 쉽고 효율적인 방법은 자연광을 차단하고 조명으로 실내 밝기를 조정하는 것이다. 조명이나 스크린의 밝기는 집중도와 밀접한 관련이 있기 때문에 중요한 요소가 된다. 따라서 실내 분위기의 정숙에 방해가 되거나 시선을 빼앗는 물건 등 불필요한 것들은 사전에 옮겨두는 것이 좋다.

3) Who – 누가 발표할 것인가?

메시지의 내용 못지않게 중요한 것이 발표자의 공신력이다. 공신력이란 '발표자가 청중에게 얼마나 믿을 만한 사람으로 보이는가'이다. 발표자가 청중에게 믿어도 좋을 사람으로 비쳐야만 설득의 효과를 거둘 수 있다. 청중에게 믿음을 심어주지 못하는 발표자는 아무리 뛰어난 말솜씨가 있더라도 청중의 동의와 설득을 얻기 어려울 것이다.

여기서 중요한 것은 내가 생각하는 '나'와 청중이 생각하는 '나'의 모습에는 차이가 있을 수 있다는 것이다. 공신력은 내가 생각하는 '나'가 아니라 청중이 생각하는, 즉 청중에게 비쳐진 '나'의 모습과 관련이 있다. 스스로 생각하는 '나'의 공신력이 청중에게도 똑같이 보여져서 인정받을 수 있을지 자문해 볼 필요가 있다. 변화는 자신에 대해서 객관적으로 그리고 정확하게 아는 것에서부터 출발한다. 따라서 스스로를 되돌아보고 그리고 주변 사람들에게 물어봄으로써 자신이 가진 공신력에 대해서 파악하려고 노력하는 것이 중요하다.

공신력에 영향을 미치는 요소

1. 발표자의 전문성 : PT 주제와 내용에 대해 잘 알고 있는 것.
 – 발표자의 전문성과 관련된 학력, 경력, 직책, 저술 등을 청중에게 소개하여 알린다.
 – PT 자체를 통해서 충분히 입증해 보일 수 있어야 한다.

2. 발표자의 도덕성 : 인격과 도덕성을 갖추고 공정함과 정의로움을 추구하는 성향.
 – 청중은 발표자의 용모나 태도를 통해 발표자의 도덕성을 판단하기 때문에 비언어적 요소 (표정, 자세, 눈빛, 제스처 등)를 통해 자신을 표현할 수 있어야 한다.

3. 발표자의 열정 : 발표자가 PT 내용에 대한 확신을 갖고 집중하고 몰입할 때 느껴짐.
 – PT를 진행할 때 스스로가 내용에 대한 확신을 갖고 설득되어 있어야 발표자의 열정과 진정성이 청중에게 전해진다.

4) Why – 왜 발표하는가?

메시지 전달에 있어 가장 중요한 것은 '내가 이 주제를 왜 말하는가?'이다. 즉 "Why"가 가장 중요한 핵심이라는 것이다. "Why"는 프레젠터가 발표를 하는 목표이자 믿음이고 이유이다. 또한 PT에서 목표를 머릿속으로 알고만 있을 때와 글로 옮겼을 때 그 결과는 분명히 달라진다. 청중에게 지식을 전달하기 위한 PT이라면 구체적으로 '누구에게 어떤 지식을 전달할 것인지', 청중을 설득하기 위한 PT이라면 구체적으로 '누가 무엇을 하도록 설득할 것인지'를 간결하게 표현할 수 있어야 한다.

이때 명심해야 할 것은 목표를 하나의 문장으로 간결하게 나타내는 것이다. 발표자가 아무리 많은 내용을 청중에게 전달하더라도 시간이 흐르고 나면 청중의 기억 속에 남는 것은 단지 핵심적인 '한 문장'뿐이다. 따라서 PT의 주제를 한 문장으로 정의할 수 없다면 알맹이 없는 껍데기 PT에 불과하다고 해도 과언이 아니다. 이렇게 주제를 한 문장으로 정의한 것을 '목표문'이라고 부른다. 목표문은 PT을 준비할 때 방향을 잃지 않는 길잡이가 되어준다.

■ 효과적인 메시지 전달을 위한 10가지 질문

1. 나의 PT을 표현하는 핵심 단어는 무엇인가?
2. 그 핵심이 왜 중요한가?
3. 상대방에게 무엇을 전할 것인가?
4. 내 제안이나 주장은 어떤 문제를 해결해주는가?
5. 목표 청중은 누구인가?
6. 경쟁자들은 누구이며 나는 경쟁자들과 어떻게 차별되는가?
7. 내 제안이나 주장을 거절하는 사람들의 근거는 무엇일까?
8. 나의 궁극적 목적은 무엇인가?
9. PT이 끝난 후 청중들이 어떻게 변화. 행동하기를 바라는가?
10. 나의 PT을 한 문장으로 정의한다면?

언제나 발표를 준비하면서 스스로 질문해야 한다. 청중이 '그 내용을 들어야 하는 이유는 뭐지?', '나에게 어떤 도움이 될까?'라는 질문에 답하기 위해서는 논리적 논증뿐만 아니라 설득, 감정, 공감을 모두 활용해야 한다. 그러기에 발표 준비를 할 때 뛰어난 발표자는 청중의 입장이 되어보는 훈련을 한다.

5) What - 무엇을 발표할 것인가?

어떤 내용을 다룰 것인가, 즉 주제가 있는 내용을 말한다. 데이터를 정보화하고 이를 논리적으로 배열하는 작업이라고 할 수 있다. 내용을 구성하는 방법에 대해서는 '3. 내용 구성법'에서 설명하도록 하겠다.

6) How - 어떻게 보여줄 것인가?

인사, 소개, 복장, 에티켓, 제스처 등의 비언어적인 요소와 질의응답, 유머, 청중을 대하는 태도, 발표자의 열정, 디자인의 구성과 시간 분배 등 모든 것을 포함한다. 청중과 공감대를 형성하기 위해서는 모든 것을 미리 구상하고 준비해야 한다. 이에 대해서는 '5장. 프레젠테이션의 실제'에서 다시 설명할 것이다.

(3) 개요서 작성

발표 내용을 본격적으로 작성하기 전에 전체 PT의 구체적 내용을 어떻게 구성할 것인가를 계획하는 '발표의 개요'를 먼저 작성하는 것이 좋다. 주요 키워드 중심으로 전체를 이해하는 개요서를 작성하면 실제 발표할 때 대본처럼 활용할 수 있다는 장점도 있다.

> **개요서의 장점**
>
> 1. 발표자가 말하고자 하는 내용을 스스로 이해하고 내면화할 수 있다.
> 2. 발표자가 말하려는 바가 명확해져서 일목요연하게 이야기를 진행할 수 있다.
> 3. 전체적인 그림을 청중에게 제시할 수 있기 때문에 이해도가 높아진다.
> 4. 시간조정을 가능하게 한다.

1) 개요서의 작성 원칙

   ① 명확해야 한다.
   ② 구체적이어야 한다.
   ③ 실현 가능해야 한다.
   ④ 전체 내용을 포괄할 수 있어야 한다.
   ⑤ 청중의 니즈에 부합해야 한다.

2) 개요서 작성 방법

① 구체적인 아이디어로 주제를 제한하고 핵심 사항(본론)을 먼저 제시한다.

② 제한된 목적 안에서 합당한 자료를 선택한다.

③ 자료, 예증, 보기, 사실, 통계 자료를 일관된 순서로 배열한다.

④ 서론과 결론에서 말할 내용을 제시해준다.

⑤ 발표의 개요를 작성하는 중간에 새로운 관점이나 새로운 정보를 발견하면 여러 번이라도 계속 수정한다. 정확하게 제시해야 하는 통계 자료나 인용문과 같은 소재는 내용을 기록하여 참고한다.

⑥ 서론과 결론은 비교적 상세하게 기록해 두어 PT의 처음과 끝에 의미 있는 내용을 전달할 수 있도록 한다.

⑦ 임원용 PT 자료를 만든다고 생각하고 한 장으로 요약해보는 연습을 하자. 이럴 때는 현재의 문제, 미래의 기대 효과, 제안 내용 형식으로 간단히 정리해보면 좋다.

⑧ 핵심 사항별로 각각의 종이에 큰 글씨로 작성하여 빠르고 쉽게 파악할 수 있도록 한다.

⑨ '발표의 개요'에 맞추어 실제로 발표할 내용을 서론, 본론, 결론 등으로 작성한다.

실행 개요서 작성하기

- 핵심 단어만 기록한다. 다만 서두와 결언, 주요 아이디어들은 표현 방식을 확정하여 완전한 문장으로 표현해 두는 것도 도움이 된다.
- 책의 목차를 적는 형식으로 작성한다. 이때 전체 줄거리가 그림처럼 연상되면 좋다.
- 시작부터 끝까지 순서대로 작성한다.
- 띄어 읽기, 잠시 멈춤, 강조할 부분을 표시한다.
- 시간 관리를 위해 생략 가능한 부분을 표시한다.
- 손에 쥐기 편한 엽서 정도의 크기가 적당하며, 15매 내외로 정리한다.
- 중요한 코멘트나 동작, 강조 사항, 질의응답같이 중요한 부분은 자세히 적어둔다.
- 참고 문헌이나 자료를 기록해둔다.

3. 내용 구성법

프레젠테이션에도 영화 같은 시나리오가 필요하다. 결론을 먼저 말하고 근거를 제시할 것인지, 여러 가지 자료부터 제시하고 결론을 나중에 말할 것인지를 결정해야 한다. PT의 목적과 내용에 따라 배열 방식은 각기 다르나, 적절히 혼합할 수 있다.

최대 가치는 전달의 효율성이다. 주제는 발표할 핵심 사항을 명확한 하나의 문장으로 나타낸다. 앞에서 설정한 상세 목적에 구체적인 아이디어를 넣는 방식으로 작성한다.

또한 소재를 적절히 사용하여 주요 내용을 명확하고 이해하기 쉽게 제시하면 청중들을 PT에 흥미를 느끼고 기억하기 쉽게 된다. 가장 대표적인 소재는 명언이나 다른 사람의 유명한 말을 인용하는 것이다. 유명한 말을 다른 말과 적절히 비교하거나 은유적 방법으로 이용하기도 한다. 그 외에도 예시, 통계 자료, 설명, 비교, 삽화, 전문가 의견 등과 같은 여러 가지 소재를 사용할 수 있다.

교안은 발표할 주제에 맞게 전후 앞뒤의 논리적 관계 등을 고려하여 서론-본론-결론(도입-전개-종결)과 같은 형태의 3단계 구성이 일반적이다. 일반적 PT에서는 도입에서 배경 및 문제제기, 전개에서 해결 방안과 실천 방안, 결론을 내는 것이 대부분이다. 전략적 진행에서는 결론을 더욱 강조하는 쪽으로 진행하기도 하고 시간이 부족할 때에는 서론에서 배경을 생략하고 문제 제기-해결 방안과 실천 방안-결론으로 진행할 수도 있다.

(1) 서론 구성법

서론은 청중의 주의를 끌어 분위기를 조성하고 본론의 내용을 예고하여 청중의 관심을 불러일으키는 중요한 기능을 수행한다. 첫 단추를 제대로 채워야 다음 단추를 채울 수 있듯이 서론에서 어떤 이야기를 하는가에 따라 PT의 전체 분위기가 결정된다.

우리가 신문을 볼 때 주로 헤드라인부터 읽게 된다. 제목이 마음에 들면 세부 내용을 보는 것처럼 서론이 마음에 들면 본론에 대해 기대를 하게 되는 것이다.

PT를 하는 사람도 처음에 주의를 끌기 위한 노력을 해야 한다. 주의를 끄는 요소로는 청중에 관한 이야기는 시사적인 이야기, 유명한 문구의 인용이나 재미있는 사건 혹은 농담, 자신의 독특한 견해, 시각 자료 등이 있다. 주의 끌기에 성공한 이후에 청중에게 함께 해서 반갑다는 의견을 표명하고, 계속 PT를 듣고 있으면 어떤 이익이 있는가를 설명해준다. 주제와 청중에 따라서는 주의 끌기가 필요 없는 경우도 있다. 예를 들면, 이미 전에 보고한 바가 있는 사항에 대해서 추가로 현재 상태를 다시 보고할 경우에는 바로 핵심 사항을 설명하고 본론으로 들어가도 된다. 그러나 상위자에게 새로운 제안을 할 경우나 청중들이 발표자를 잘 모르는 경우에는 먼저 주의를 끌 수 있는 서론을 말해야 한다. 서론 부분이 매우 중요하기 때문에 서론 전체의 내용을 글로 써두고 완전히 익숙해질 때까지 연습을 하는 전문가도 있다.

(2) 본론 구성법

순서에 따라 발표 주제, 목적, 핵심 명제, 주요 아이디어, 세부 내용이 마련되면 이를 적절하게 배열함으로써 본론을 구성한다. 이때 본론의 구성을 완성한 다음 서론과 결론을 확정짓는 것이 좋다.

본론의 구성이 잘 짜여 있지 않으면 청중은 '도대체 무슨 이야기를 하는 거지?'라고 내용을 이해하는 데 어려움을 느끼게 되며 발표자의 실력까지 의심하게 된다.

발표의 전개 단계(본론)에서는 서론에서 언급된 학습 내용을 발표 순서에 근거하여 전달해야 한다. 서론에서 소개한 내용을 본격적으로 설명하면서 배경 정보, 근거, 예시, 시사점, 결과 등을 제시한다.

본론은 크게 전반과 후반으로 나눌 수 있다. 아무리 좋은 제안이라도 문제가 인식되지 못하면 청중의 마음을 얻지 못한다. 따라서 본론의 전반은 현실과 이상의 차이를 명확히 하는 데 초점을 맞춘다. 전반에는 현실의 문제와 상태, 상세 정보 등을 제시해 문제를 공유하고 통계 자료 등 뒷받침할 증거를 제시한다. 현실을 인식한 다음에는 이상적인 미래를 재확인한다. 문제가 해결된 상태, 목표가 달성된 상태를 이상적인 상태로 정의하고 실현 방법을 설명한다.

(3) 결론 구성법

결론은 본론에서 말한 것을 다시 요약, 마무리하는 단계이다. 사람들은 전체 과정 중 처음과 끝을 가장 잘 기억하기 때문에 PT의 마무리는 특히 중요하다. 간혹 결론에서 새로운 내용을 추가하는 발표자가 있는데, 결론은 본론을 정리하는 것이다. 결론에서 새로운 이야기를 한다는 것은 그만큼 내 이야기가 적절하게 배치가 안 됐다는 것을 밝히는 것이 된다. 심리학적으로 볼 때 사람들은 끝났다는 느낌이 강하게 들었다는 것을 좋아하는 경향이 있으므로 "결론적으로 말씀을 드리면", "마무리하기 전에" 등의 암시를 주면서 자연스럽게 끝내는 것이 좋다.

> **효과적인 클로징**
>
> – 전체의 내용을 요약한다.
> – 긍정적인 분위기로 마무리한다.
> – 자신만의 소신을 얘기하며 마무리한다.
> – 중요 포인트를 언급하며 강한 인상을 남긴다.

시간 조절을 잘 하지 못해서 결론 부분을 서둘러 마치거나 정해진 시간을 초과하여 발표하는 경우가 있다. 시간에 쫓기어 처음에 설명했던 목표도 언급하지 않은 채 두서없이 마무리하는 것은 바람직하지 않다. PT에서 가장 중요한 것은 제한 시간을 지키는 것이다. 청중은 정해진 시간 이상으로 자신의 시간을 뺏기는 것을 좋아하지 않는다. 아무리 발표자가 혼신의 힘을 다해 말하더라도 정해진 시간을 넘기면 청중의 관심과 흥미는 떨어지게 된다. 정해진 시간 내에 끝내는 연습을 하자. 이렇게 결론을 잘 내기 위해서는 일단 철저한 리허설을 통한 시간 관리 훈련이 선행되어야 한다.

4. 프레젠테이션 자료 활용

위스콘신 대학의 연구결과에 따르면, 시각자료를 사용하여 학습하였을 경우 그렇지 않았을 때보다 학습효과가 200% 향상된다. 시각자료를 병행한 PT의 경우 또한, 개념 설명에 소요되는 시간을 40%나 단축시키고 의사결정의 정확성을 높여준다. 이처럼 청중의 청각을 자극하여 설명하는 것에 비해 시각적 요소로 주의를 끄는 것이 청중의 집중력을 높이는데 효과적이다. 시각자료나 유인물과 같은 발표자료는 청중의 편의를 무조건 먼저 생각하여 작성하도록 하며, 청중이 쉽게 이해하기 위함이 자료작성의 최대 목적이라는 것을 항상 기억한다.

(1) 큐카드

큐카드를 작성하면 PT의 전체적인 내용 흐름을 자연스럽게 파악할 수 있게 된다. 이때 중요한 것은 서론, 본론, 결론이라는 3단 구성으로 나누고 주종 관계에 따라 번호 매기기와 들여쓰기를 하는 것이다. 큐카드는 발표자 자신에게 시각 자료의 역할을 할 수 있도록 작성해야 한다. 그러기 위해서는 완전한 문장보다는 키워드 중심으로 적는 것이 좋다. 또한 큐카드를 작성하면 중요한 내용이 빠지거나 일부 내용이 중복되지는 않았는지, 동등한 위치에 있는 논점들이 균형 있게 안배 되어 있는지 아니면 어느 한 논점에 지나치게 편중되어 있지는 않은지를 비교적 잘 파악할 수 있다. 주요 내용들을 서로의 관계와 순서에 따라 정리해 놓은 큐카드는 PT의 흐름을 질적인 면에서 그리고 양적인 면에서 파악할 수 있게 해준다는 점에서 발표자에게 매우 유용한 도구이다.

큐카드는 PT를 준비하는 과정에서도 유용하지만 실제 PT를 할 때에도 많은 이점이 있다. 그 중에 하나가 주요 내용을 키워드로 적은 큐카드를 가지고 있는 것만으로도 발표자에게 심리적 안정감을 줄 수 있다는 것이다. PT 도중에 뜻하지 않게 말할 내용이 생각나지 않을 수 있는데 이때 큐카드가 있다면 얼른 보고 말할 내용을 떠올릴 수 있을 것이다. 이처럼 큐카드는 돌발 상황에 대비해서 설치해 놓은 안전망과 같은 역할을 한다. 물론 큐카드를 가지고 있다고 해서 자주 봐도 된다는 뜻은 아니다. 큐카드에 의존해서 PT를 하겠다는 것은 아직 PT를 할 준비가 안 되어 있다는 뜻이다. 숫자나 인용문과 같이 정확성을 기해야 하는 정보를 전달할 때나 말할 내용이 갑자기 생각나지 않을 때처럼 꼭 필요한 경우에만 큐카드를 쳐다보고 대부분의 시간은 청중에게 시선을 주면서 말해야 한다.

또한 손 처리의 어려움을 해결해 줄 수 있는 것이 바로 큐카드이다. 많은 사람들이 PT를 할 때 손을 어디다 둬야 할지 몰라서 무척 난감해 한다. 특히 발표 경험이 부적한 사람은 제스처 사용에 익숙하지 않아 양 손에 아무것도 들려 있지 않은 것이 불안한 나머지 불필요한 행동들을 하는 경우가 많다. 호주머니에 손을 넣는다든가 뒷짐을 지거나 얼굴, 시계, 팔 등을 만지는 등 손 처리에 매우 미숙한 모습은 청중의 집중력을 낮추거나 발표자에 대한 신뢰를 떨어뜨리기도 한다. 이럴 때 큐카드를 한 손에 쥐고 있으면 다른 한 손은 처리하기가 훨씬 수월하다. 큐카드는 오른손잡이의 경우 왼손에 들고, 왼손잡이의 경우에는 오른손에 들고 있는 것이 좋다. 왜냐하면 평소 잘 쓰는 손은 제스처를 쓴다든가 판서를 하기 위해서 비워두기 위해서이다. 큐카드의 위치는 보통 허리 높이에 자연스럽게 들고 있다가 필요한 경우 큐카드를 가슴 높이까지 올려서 보고 다시 허리 높이로 내리는 것을 반복하면 된다. 큐카드를 계속해서 가슴 높이에서 들고 있으면 여유가 없어 보일뿐만 아니라 청중의 시야를 가릴 수 있기 때문에 좋지 않다.

(2) 슬라이드

슬라이드는 발표자에게 큐카드와 같은 역할을 하는 동시에 청중에게는 발표자의 말을 명확하게 이해시키고 오래 기억하게하기 위한 시각 자료 역할을 한다.

시각 자료의 효과는 '읽을 수 있고 볼 수 있다'는 것을 전제로 한다. 따라서 슬라이드 작성에 있어 기본적으로 중요하게 생각해야 할 덕목이 바로 가독성과 가시성이다. 가독성이란 문자, 기호 또는 도형 등이 쉽게 읽히는 정도를 나타내고, 가시성이란 특히 색채의 경우 사람의 눈길을 끄는 정도나 볼 수 있는 정도를 말한다. 다시 말해서 슬라이드는 쉽게 읽히고 멀리서도 잘 보이게 작성해야 한다는 뜻이다. 그러기 위해서는 슬라이드를 단순하게 만들어야 한다.

단순함의 정도는 PT의 내용, 목적, 상황 등을 충분히 감안해서 결정되어야 한다. 대부분의 경우 한 줄에 6단어가 넘지 않게 그리고 한 슬라이드에 6줄이 넘지 않도록 작성하는 것이 좋다. 이를 6×6원칙이라고 한다. 때로는 불가피하게 그 이상 되는 경우가 발생할 수도 있는데, 이때에도 6×6원칙을 떠올리면서 슬라이드를 최대한 단순하게 작성하고 줄 간격을 충분히 줘서 청중이 좀 더 편안하게 볼 수 있도록 배열한다. 꼭 필요한 내용이지만 한 장의 슬라이드에 다 들어가기에는 너무 많은 분량이라면 몇 장의 슬라이드로 나누어 작성하는 것이 청중의 이해를 돕는 데 좋다.

또한 슬라이드를 작성하는 데 텍스트는 매우 중요한 역할을 한다. 먼저 텍스트의 크기가 중요하다. 가독성을 고려하면 제목은 44~48포인트 정도, 소제목은 28~32포인트 정도, 내용은 20~26포인트 정도가 좋다. 특히 슬라이드에 내용이 많이 들어가지 않는다면 글자 크기는 더 커질 수 있다. 내용을 한 줄로 표현한다고 하면 소제목 정도의 크기로 들어가는 것이 좋다. 약 30포인트 내외 정도로 표현하면 내용이 강조되면서 잘 보이게 된다.

폰트의 종류나 크기는 한 슬라이드에 가능하면 3가지 이상 사용하지 않는다. 글자체와 크기가 한 슬라이드에 너무 많은 종류의 글자체와 크기가 나오면 강조 효과를 주기는커녕 오히려 청중에게 혼란만 준다. 제목과 본문에 사용할 글자체의 종류와 크기를 정했다면 이를 일관성 있게 슬라이드 전체에 적용을 해서 통일감을 주는 것이 좋다. 글자체는 빔프로젝트에 투영했을 때를 감안해서 대체로 가시성이 좋은 고딕 계열의 글꼴이 적당하다.

고딕 계열의 글꼴은 선이 굵고 자음과 모음에 삐침이 없어 글자가 선명하게 보이는 반면 명조 계열의 글꼴은 선이 얇고 획에 멋을 부리는 삐침이 있어 희미하게 보이기 때문이다. 가독성이 높은 글꼴을 일관성 있게 전 슬라이드에 걸쳐 사용함으로써 통일감을 주는 것은 청중의 집중력을 높이는 데에도 도움이 된다.

슬라이드를 단순히 흑백으로 만드는 것보다 다양한 색채로 변화를 주면 해당 내용이 강조되어 청중이 그 내용을 훨씬 잘 기억하는 것으로 알려져 있다. 바탕색이나 글자 그리고 도형 등에 색을 넣을 때는 단순히 멋있게 보이기보다는 청중의 이해를 도우면서 내용을 강조하는 효과가 있는지를 고려해야 한다. 기본적으로 한 슬라이드에 2~3가지 색깔을 사용하고, 그 색깔들을 가능하면 모든 슬라이드에 똑같이 사용해서 청중에게 일관성이 있다는 느낌을 준다.

배경 위에 배치하는 문자를 잘 보이게 하기 위해서는 당연히 대비 차이가 있어야 한다. 색상 대비를 고려한다면 흰색 바탕에 검정색 글씨 또는 검정색 바탕에 흰색 글씨가 가독성이 가장 뛰어나다. 이 중에서도 흰색 바탕에 검정색 글씨는 오랫동안 종이 문화 속에 살아오면서 사람들이 익숙해져 있기 때문에 슬라이드의 경우에 적용할 경우 가장 무난한 대비라고 할 수 있다. 또는 흰색에 가까운 밝은 색을 기조로 한 엷은 색 역시 바탕색으로 적당하다. 청중의 눈에 잘 띄게 하기 위해서 배경과 글자색을 조정하는 것도 중요하지만 특히 배경색을 결정할 때 전체적인 내용과 어울리는지 그리고 슬라이드를 계속해서 쳐다봐야 하는 청중의 눈을 쉽게 피로하게 만들지 않을지도 따져봐야 한다. 또한 색은 심리적으로 우리 인간에게 다르게 느껴지는 여러 가지 속성을 가지고 있기 때문에 바탕색을 정할 때 색의 심리적 효과를 참고하는 것이 좋다.

█ 색상이 나타내는 상징적 의미

- 빨강 : 카리스마, 열정적, 용기, 자극적, 폭발적 – 적극적이며 강렬한 인상을 준다.
- 파랑 : 명랑함, 냉정함, 정의로움, 실용적 – 전문적인 느낌과 지적인 느낌을 추구하고자 할 때 효과적이다.
- 주황 : 건강함, 자극적임, 요란함, 강렬함 – 창조적인 느낌을 가지고 있어 새롭다는 느낌을 준다.
- 초록 : 즐거움, 조용함, 젊음, 평화로움, 신선함 – 마음의 위안과 휴식의 이미지를 가지고 있다. 강렬한 메시지를 주고자 한다면 자제하는 것이 좋다.

- 보라 : 승리, 정열적임, 권위적임, 당당함, 위험요소를 가짐, 고독함 – PT에 사용하기에는 다소 어려움이 있으므로 사용시 주의가 필요하다.
- 검정 : 슬픔, 비애, 심오함 – 글자색으로 사용하는 것이 가장 효과적이다.
- 노랑 : 쾌활함, 적대적, 질투심, 따뜻함 – 기쁘고 즐겁다는 의미를 강하게 가지고 있으므로 새로운 프로젝트를 소개할 때 효과적이다. 하지만 청중의 연령이 높은 경우에는 사용을 자제한다.

(3) 그 외

1) 프레젠테이션 리모컨

프레젠테이션 리모컨을 사용하면 원거리에서도 편리하게 슬라이드의 페이지 이동을 할수가 있다. 리모컨 없이 PT를 진행하는 경우, 슬라이드를 넘기기 위해 컴퓨터가 있는 쪽으로 돌아와 컴퓨터의 버튼을 누르는 일을 반복해야 한다. 이는 발표자로 하여금 필요 없는 동선을 늘리는 결과를 낳는다. PT 무대에서 쓸데없이 많이 움직이면 청중은 발표자의 움직임이 번잡하다고 느끼게 되고, 이는 집중력 하락으로 이어진다.

자신의 컴퓨터를 PT 현장에서 이용할 수 없는 상황이라면 현장에 가기 전에 다른 컴퓨터에서도 리모컨이 정상 작동하는지 반드시 시험해보아야 한다. 현장에서 리모컨이 작동하지 않아 당황하는 일은 없어야 하기 때문이다.

2) 마이크

마이크는 목소리가 작은 사람이나 청중이 많을 경우에 유용한 물건이다. 목소리가 작은데 억지로 마이크를 사용하지 않는 것은 청중 주목도를 떨어뜨릴 수 있다. 그러나 처음부터 '나는 목소리가 작으니 마이크를 써야겠다'라고 생각하기 전에 육성만으로 PT할 수 있는지 시험해보자. 마이크를 사용할 때보다는 마이크를 사용하지 않고 육성으로 진행하는 PT가 청중에게 더욱 자신감 있는 모습으로 비춰지기 때문이다.

또한 PT를 진행하다 보면 마이크가 말썽을 일으켜서 PT 시간을 허비하는 안타까운 상황도 종종 생긴다. 일반적으로 발표는 평상시에 말하는 톤보다 한두 톤 더 높은 목소리를 진행하기 때문에 이를 토대로 하여 연습해보고, 발표 시간 내내 이것을 지속할 수 있는지 여러 번의 연습을 거쳐서 체득해야 한다. 악을 쓰는 듯한 목소리가 나거나 도저히 PT 시간 내내 해당 톤과 목소리 크기를 유지할 수 없다면 마이크를 사용하고, 그렇지 않다면 육성으로 진행하는 것이 좋다.

마이크의 위치가 고정되어 마이크를 들고 움직일 수 없는 형태라면 사용하지 않는 편이 낫다. 발표자는 PT를 진행하면서 움직임을 구속받아서는 안 되고, 이것은 발표자의 자유도를 심각하게 침해하는 행위이기 때문이다. 이동이 가능한 유선 마이크라도 되도록 피하는 편이 좋다. 유선 마이크 선이 지나치게 길 경우 선끼리 꼬일 수 있기 때문에 바람직하지 못하다.

마이크는 가급적 마이크의 중간이나 아래쪽을 잡는 것이 좋다. 또한 마이크를 잡은 손을 얼굴에 가깝게 올리는 것보다는 가슴 쪽으로 내리는 것이 좋다. 마이크 잡은 손은 많이 움직이지 않고 계속 일정한 위치를 유지하고 있는 것이 좋다.

5. 프레젠테이션의 실제

(1) 리허설

PT에서 리허설은 매우 중요하다. 유능한 발표자일수록 리허설에 더 많은 시간을 투자하는 법이다. 리허설을 잘 활용하면 완벽한 PT에 가까이 갈 수 있기 때문이다. 리허설은 최종 발표 원고를 가지고 한다. 발표 원고는 스토리보드가 완성된 이후에 작성하며 계속해서 수정·보완해 최종본을 만든다. 슬라이드의 내용과 자료를 설명하는 구어체로 원고를 완성한다. 발표자가 발표 원고만 읽어도 PT가 가능하도록 접속사나 토씨 하나까지 완벽해야 한다.

리허설에서는 실제와 똑같은 상황에서 PT를 진행하기 때문에 발표자가 자신감과 심리적 안정감을 얻을 수 있다. 또한 실제로 무대에 서서 리허설을 해보면 PT의 시나리오를 한눈에 볼 수 있다는 장점이 있다. 잘못됐거나 부족한 슬라이드는 보완하고 중복된 부분은 삭제한다. 좀 더 깊게 다뤄야 할 중요한 핵심 내용을 파악할 수도 있다. 슬라이드 내용과 발표자의 말을 일체화하는 것도 리허설에서 꼭 확인해야 할 부분이다. 주어진 시간에 맞추어 PT가 이루어지는지 체크하는 것도 중요하다. 도입 부분, 본론, 마무리 부분에 대한 시간 안배와 조절을 연습함으로써 발표자의 의도대로 시간을 운영하는 요령도 터득할 수 있다.

리허설을 몇 번 하는 것이 옳다고 할 수는 없다. 하지만 첫 번째 리허설에서는 누구나 시행착오를 겪기 마련이다. 처음부터 완벽할 수는 없다. 발표 내용 및 태도를 지적하고 보완해줄 동료나 상사, 전문가의 도움을 받으면 더 좋다. 또한 리허설 장면을 촬영해 모니터링하면 전체적인 부분이 매끄럽게 연결되는지 점검할 수 있다. 여건이 허락하는 한, 리허설을 반복적으로 많이 할수록 나아지는 것이 당연하다.

프레젠테이션 직전 체크 리스트

1. 슬라이드 관련 확인
   - 내가 사용하려는 슬라이드 소프트웨어가 정상적으로 설치되어 있는가?
   - 슬라이드 소프트웨어 버전은 나의 파일과 호환이 되는가?
   - 사용한 글꼴이 깨지지 않는가?
   - 각종 컨텐츠의 레이아웃은 처음 슬라이드를 만든 컴퓨터에서 봤을 깨와 같은가?
   - 적용한 애니메이션 효과는 정상적으로 작동하는가?
   - 슬라이드에 삽입한 각종 동영상 등의 첨부파일은 정상적으로 재생되는가?

2. 프로젝터 및 스크린 관련 확인
   - 프로젝터는 제대로 작동하는가?
   - 스크린의 크기는 어느 정도인가?
   - 내가 연출하려는 효과를 해당 스크린에서 구현 가능한가?(스포트라이트 효과 등)
   - 프로젝터에서 컴퓨터로 연결되는 케이블은 정상 연결되는가?
   - 프로젝터 케이블을 연결했을 경우에 슬라이드의 색상이 달라지지는 않는가?

3. 무선 도구 및 마이크 관련 확인
   - 내가 가져온 무선 도구는 정상 작동하는가?
   - 무선 도구가 연결된 곳에서 상당히 멀리 떨어진 곳에서도 잘 작동하는가?
   - 마이크를 사용하는 경우, 마이크의 작동 상태는 양호한가?
   - 마이크를 들고 회대 이동할 수 있는 거리가 어디까지인가?
   - 무선 마이크인 경우 여분의 배터리는 휴대했는가?
   - 마이크를 잡고 이동했을 때 '삑' 소리가 나는 공간이 있는가?

4. 멀티미디어 관련

(2) 실전 발표

사전 준비 단계에서 상황과 발표자 자신에 대한 점검을 하고 이를 바탕으로 해서 내용 구성 단계에서 메시지를 개발하고 주요 메시지를 큐카드와 슬라이드에 옮겨 적은 후 이를 활용해서 리허설을 마쳤다면 이제 마지막 발표 당일 컨디션 관리를 포함해서 실행 단계에서 신경 써야 할 사항에 대해서 살펴보기로 한다.

1) 발표 당일 컨디션 관리

발표 당일 가장 중요한 것은 발표자의 컨디션이다. 좋은 컨디션을 유지해야 청중과의 만남이 즐겁고 PT에 의욕적으로 임하게 된다. PT에 대한 부담을 덜 수 없다 하더라도 자신의 컨디션은 스스로 통제할 수 있다. PT을 앞두고 자기 관리도 잘 하지 못하고 청중 앞에 무책임한 모습으로 나타난 발표자를 청중은 달가워하지 않을 것이다. 발표하기 며칠 전부터 최상의 컨디션을 만들어 PT에 대비하는 것은 발표자로서 마땅히 가져야 할 자세이다.

발표 당일에는 식사와 음료수에 신경을 써야 한다. 발표할 때 말을 계속하다보면 입이 마르기 마련인데 이 와중에 갈증을 일으키는 음식, 예를 들면 짠 음식이나 탄산음료를 먹거나 마신다면 계속되는 갈증에 곤혹스러워 질 수 있다. 갈증이 날 경우 미지근한 물을 마시는 것이 가장 좋다. 또한 식사 직후 발표를 하는 경우 너무 배부르지 않게 하는 것이 좋다. 그리고 교통 상황을 고려해서 좀 이르다 싶을 정도로 여유 있게 발표장에 도착해서 발표장의 분위기도 살피고 기기도 점검하는 것은 물론이고 PT할 내용을 최종 점검하고 자료도 정리할 수 있는 시간적 여유를 가진다. 시간에 쫓겨서 허둥대며 발표장으로 들어서는 모습은 청중에 대한 결례이다.

2) 옷차림과 용모

옷차림과 용모는 첫인상을 결정하는 데 많은 영향을 미치기 때문에 발표자는 청중의 기대에 맞는 옷차림과 용모를 갖추어야 한다. 옷차림과 용도에서 좋은 이미지를 풍기는 사람은 상대방의 마음뿐만 아니라 귀도 열게 하기 때문이다. 또한 발표자에 대한 첫인상은 앞으로 진행될 PT 전반에 영향을 줄 수 있기 때문에 발표자는 첫인상에 많은 신경을 쓸 필요가 있다. 보통 5~10초 안에 결정되는 첫인상은 한 번 형성된 후에는 일관성을 유지하려는 경향이 있기 때문에 좋은 첫인상을 주는 것이 중요하다.

일반적으로 남성의 경우 하얀 와이셔츠와 청색 계열의 넥타이에 검은색이나 감색 정장을, 여성의 경우에는 밝고 단정한 디자인의 블라우스에 검정이나 감색같이 어두운 색깔의 치마나 바지 정장을 착용하는 것이 가장 무난하다. 그러나 요즈음에는 개인의 특성을 살려서 색깔이나 디자인에 변화를 주어 개성을 강조하는 의상을 착용하는 경우도 많아지고 있다. 발표자로서의 공신력과 권위가 훼손되지 않으면서 PT로부터 청중의 시선을 분산시키지 않는다면 의상은 크게 문제될 것이 없다. 다만 지나치게 색이 현란하거나 기하학적인 무늬가 들어간 옷과 신체부위를 과도하게 드러내는 옷은 청중의 주의를 산만하게 하기 때문에 피하는 것이 좋다. 같은 이유에서 화려한 장신구도 삼가야 한다. 의상과 함께 헤어스타일, 구두, 양말과 스타킹도 상황에 적절하게 신경 쓰는 것도 잊지 말아야 할 것이다.

3) 표정과 시선

발표자의 표정은 발표자의 옷차림과 용모와 함께 첫인상을 결정하는 데 큰 영향을 미친다. 일반적으로 청중은 발표자가 연단에 서서 처음으로 자신들과 눈이 마주치는 순간부터 오프닝멘트를 할 때까지 호기심 어린 눈으로 발표자를 주목하기 마련이다. 이 시간에 발표자에 대한 첫인상이 결정된다고 해도 과언이 아니다. 따라서 특히 입장부터 연단에 설 때까지 발표자는 밝은 표정으로 청중에게 좋은 인상을 심어주려고 노력할 필요가 있다.

우리가 일상생활에서 누군가를 반갑게 반길 때 밝은 표정을 짓는 것은 너무나 당연한 일이다. 비록 대중 앞이지만 청중을 만나서 반갑다는 마음을 밝은 표정으로 표현하는 것은 마찬가지이다. 대개 서두에서 청중에게 '여러분을 만나 뵙게 되어 반갑습니다'라고 말하는데 이때 말만으로는 그 의미가 충분히 전달되지 못한다는 점을 명심해야 한다. 말의 내용에 걸맞는 표정을 함께 지어주어야만 그 의미가 충분히 전달될 수 있다. 감정 상태를 표정에 담아서 말할 때 비로소 그 의미가 온전히 청중에게 전해진다.

인사를 하고 서두를 여는 도입 단계에서는 밝은 표정을 짓는 것이 좋지만 그 이후 본격적으로 주제와 관련된 내용으로 접어든 후에는 그 내용에 맞는 표정을 짓는 것이 중요하다. 물론 기본적으로 밝은 표정을 연출하면서도 진지한 내용일 때에는 진지한 표정으로, 슬프거나 우울한 내용일 때에는 슬픈 표정을 지으면서 말해야 한다. 내용에 적절한 표정을 짓는 것은 얼굴 표정으로 청중에게 말을 통해 전달하는 내용을 해석할 수 있는 단서를 제공해 줄 뿐만 아니라 PT 자체를 생동감 있게 만들어 준다.

청중을 장악하기 위해서 여러 가지 필요한 요소가 있겠지만 그 가운데서도 청중과의 눈맞춤은 가장 중요한 요소이다. 시종일관 청중에게 시선을 주면서 PT을 이끌면 분위기를 압도하면서 자신에게 몰입하게 만들 수 있다. 청중들이 발표자가 자신들에게 얘기하고 있다고 느낄 수 있도록 골고루 쳐다보는 것이 좋다. 발표자가 눈길 한 번 주지 않은 채 발표를 계속 한다면 자신을 무시하는 것 같아 불쾌감이 들 수 있다. 청중을 쳐다볼 때 너무 빨리 시선을 옮기기 보다는 4~6초 정도 또는 한 문장을 말하는 동안 시선을 한 사람에게 두는 것이 좋다. 시선을 너무 빨리 바꾸면 자신감 없어 보이거나 불안하게 비쳐질 수 있으니 조심해야 한다.

청중을 바라봄으로써 청중의 반응을 살피는 것이 가능해지고 이로써 PT의 완급을 조절하는 것이 가능해 진다. 청중은 PT가 진행되는 동안 끊임없이 발표자에게 메시지를 보내고 있다. 따라서 발표자는 청중과 눈을 맞추고 청중의 반응을 살피면서 청중과 친화적으로 PT를 이끌어가는 것이 중요하다.

4) 말투

대규모의 청중을 대상으로 PT를 할 때 격식 있게 보이려고 문어체로 작성된 원고를 단조로운 목소리로 읽는 경우가 종종 있는데 이것은 좋은 방법이 아니다. PT를 할 때에는 청중의 규모에 상관없이 어떠한 상황에서든지 청중 개개인이 발표자가 자기에게 말을 건네고 있다고 느낄 수 있도록 부드럽고 친근한 대화체를 사용하려고 노력해야 한다. 너무 격식을 차리기보다는 청중과 상황에 적절한 언어적 표현을 구사하면서 생기 넘치고 자연스럽게 대화체를 사용하면 청중과 교감을 나누면서 이야기한다는 인상을 주어 청중에게 호감을 준다. 일상 회화에서 접할 수 있는 말투를 구사하면서 복잡한 문장보다는 짧고 단순한 문장을, 그리고 중문이나 복문보다는 단문을 사용해야 청중은 그 내용을 이해하기 쉽고 자신에게 말하고 있다는 느낌을 받게 된다. 일상생활에서 자주 사용하는 표현들을 현장감 있게 전달함으로서 청중의 귀에 쏙쏙 들어오게 하기 위한 것이다.

구어체를 구사할 때 나타나는 특징인 비문법적인 문장이나 축약형을 사용하라는 뜻은 아니다. 더불어 '진짜', '무지', '엄청' 등의 단어나 '해요'체의 종결어미 역시 공식적인 PT 에서는 발표자의 공신력에 부정적인 영향을 줄 수 있으니 자주 사용하지 않는 것이 좋다.

또한 정확한 발음을 구사해야 한다. 발음을 정확하게 하는 것은 의미를 제대로 전달하기 위한 가장 기본적인 원칙이다. 청중의 입장에서 보면 발표자의 발음이 정확하지 않아서 말을 못 알아들을 때가 있는데 이런 경우 이해하지 못한 채 지나간 단어가 계속 신경이 쓰여서 그 다음 내용도 놓쳐 버리게 된다. PT와 같은 대중 커뮤니케이션 상황에서 발음은 대화와 같은 대인 커뮤니케이션 상황과 다르게 바라볼 필요가 있다. PT의 경우 청중과 비교적 먼 거리를 둔 채 다소의 소음이 있는 상태에서 커뮤니케이션을 하기 때문에 대화할 때 보다 좀 더 정확하게 발음을 해야 대중에게 소리가 명확하게 전달된다. 정확하게 발음을 해주지 않으면 모르는 단어는 물론이고 이미 알고 있는 단어일지라도 문맥상 쉽게 파악이 안 되는 경우가 있다. 청중에게 생소하거나 어려운 단어는 적어도 맨 처음 언급할 때에는 정확한 발음과 함께 좀 천천히 말해 주는 식으로 청중을 배려하는 센스도 잊지 말아야 할 것이다.

5) 질의응답

발표자가 청중에게 또는 청중이 발표자에게 질문을 한다는 것은 양방향 커뮤니케이션이 이루어진다는 뜻이다. 발표자와 청중이 질문과 답변 형식으로 서로 말을 건네고 대화를 나누면 스스로 PT에 적극적으로 참여하고 있다는 생각에 청중의 만족도가 높아진다.

질의응답에는 크게 두 가지가 있다. 한 가지는 진행되는 발표 내용과 관련해서 자연스럽게 청중의 주의를 환기시키고 청중의 이해 정도를 점검하기 위해서 발표자가 청중에게 짧은 질문을 던지는 형태이다. 가능하면 답변이 발표자의 예상에서 크게 벗어나지 않도록 그리고 지나치게 길어져 발표 시간이 지체되지 않도록 질문을 던지는 것이 핵심이다. 이런 식의 질문은 청중에게 PT에 동참할 수 있는 기회를 제공하면서 청중이 내용을 잘 이해하도록 만들기 때문에 PT의 활력소로 작용한다.

다른 한 가지 질의응답 형태는 청중이 질문을 하고 발표자가 대답하는 형태로 주로 PT 내용에 대해서 보충 설명을 요구하거나 다른 의견을 제시하면서 대답을 요구하는 경우가 많기 때문에 시간이 길어지는 경향이 있다. 그래서 PT 도중에 질문을 허용할 것인지 아니면 PT가 다 끝난 후 별도로 질의응답 시간을 가질 것인지 정해서 이를 서두에서 청중에게 확실하게 알려주는 것이 좋다. 보통 PT에서 질의응답이라 함은 후자의 경우를 말하지만 넓은 의미에서는 이 두 가지 모두 질의응답에 포함된다.

(3) 발표 후 피드백

성공적으로 발표를 마쳤다. 이번 발표에서 모자랐던 부분은 보완하고, 장점은 더욱 부각시키기 위해 지난 발표에 대한 평가와 피드백을 받는 일은 반드시 필요한 과정이다. 피드백을 하거나 받기 위해 필요한 요소는 발표 녹화 영상, 동료, 평가 항목표이다.

녹화 영상은 스스로 자신의 문제점을 파악할 때 주로 사용된다. 실제 PT를 진행할 당시에는 느낄 수 없었던 자신의 특이한 버릇이나 단점을 영상을 보면서 파악할 수 있기 때문이다. 말소리가 너무 빠르다든지, 필요 없는 행동이나 말을 반복적으로 하는 경우는 없는지 등을 파악하는 데 사용된다.

PT 이후 시간적으로 여유가 있을 경우에는 동료들과 함께 영상을 보면서 피드백을 받는 것 역시 좋은 방법이다. 발표를 팀으로 준비했다면 발표 장소에 함께 배석한 동료에게 영상 촬영을 부탁하고, 그렇지 않을 경우 함께 PT를 준비한 사람이 아니라 하더라도 발표 장소에 아는 사람이 있다면 그에게 부탁해도 좋다.

아쉽게도 발표장에서의 영상 촬영이 금지되는 경우도 있다. 민감한 기업 자료 등이 포함된 내용을 발표하는 자리라면 이러한 제재를 하는 곳도 있다. 이런 경우에는 함께 발표를 준비했던 동료에게 부탁해 PT가 진행되는 동안 자신의 PT를 평가해달라고 부탁할 수 있다. 이러한 평가를 진행할 때는 평가표를 활용하면 좀 더 객관적으로 발표 시의 장단점을 파악하는 데 도움이 된다.

첫 시도에 모든 것을 완성할 수 있는 사람은 아무도 없다. 끊임없이 노력하고 연구하는 사람만이 자신이 원하는 경지에 이를 수 있을 것이다.

프레젠테이션 발표 평가표

평가 항목		점수					소계
발표 준비	발표 준비를 잘 마쳤는가? (발표 시각 지각 시 10점에서 1분당 1점 감점. 5분이상 지각 시 0점)						
	발표 시간을 잘 지켰는가? (해당 발표 시간에서 90~110%까지 10점. 넘어가면 1분 당 1점 감점)						
	발표에 사용된 이미지, 동영상 및 소품 (무선 리모컨, 마이크 등)의 준비 상태가 양호한가?	6	7	8	9	10	
슬라 이드 평가	슬라이드 디자인은 발표 내용과 조화로운가?	6	7	8	9	10	
	슬라이드의 분량은 적당했는가?	6	7	8	9	10	
	슬라이드가 발표에 도움을 주었다 생각하는가?	6	7	8	9	10	
발표 내용	발표에 맞는 용어를 썼는가? 어려운 용어를 사용한 경우 충분한 설명이 있었는가?	6	7	8	9	10	
	주제와 관련이 있는 중요 내용만을 핵심적으로 전달했는가?	6	7	8	9	10	
	발표의 구성 방식(도입부 및 마무리)이 흥미로웠는가?	6	7	8	9	10	
상호 작용	발표 중 적절한 임팩트를 통해 청중의 관심을 유도했는가?	6	7	8	9	10	
	청중과 상호작용을 원활히 했는가?	6	7	8	9	10	
	청중의 질문에 적절히 대응했는가?	6	7	8	9	10	
발표 태도	발표 목적(설명, 설득, 호소 등)에 적합한 태도를 보였는가?	6	7	8	9	10	
	목소리 크기, 빠르기, 발음은 적당했는가? (알아듣기 힘들면 감점)	6	7	8	9	10	
	발표 중 주제를 놓치지 않고 안정감 있게 발표했는가?	6	7	8	9	10	
총점(150점 만점)							

제3장
토의의 이론과 전략

1. 토의의 개념

 토의(discussion)는 집단의 공통 문제를 해결하기 위해 여러 사람이 모여서 의견이나 정보를 서로 주고받음으로써 합의점이나 해결안을 찾는 협력적인 의사소통 방법이다. 토의는 엄격한 형식이나 특별한 규칙이 없이 참여자들이 자유롭게 의견을 개진하지만 논의 과정에서 합의에 이르는 결론을 도출해 내기 위해 자신의 입장을 고집하지 않아야 한다. 문제에 대한 합리적이고 공정한 해결 방안을 찾기 위해서는 다수의 의견을 따르는 것이 바람직하지만, 소수의 의견을 무시해서도 안 된다. 토의에 참가하는 사람은 집단 사고의 과정을 통해서 공동의 이익과 발전에 기여하겠다는 의식을 지녀야 한다. 또한 상대방과 다른 의견을 가지고 있다 하더라도 합의된 결정은 수용할 줄 아는 민주 의식도 필요하다.

 토의에는 다음과 같은 요소들이 포함된다.
 첫째, 토의를 위해 모인 사람들의 공통된 주제가 있어야 한다.
 둘째, 반드시 두 명 이상의 여러 사람으로 구성해야 한다.
 셋째, 참여자 각자가 가지고 있는 정보를 교환하고 의견을 나누어야 한다.
 넷째, 학습이나 문제해결의 목적이 있어야 한다.
 다섯째, 말하기와 듣기활동이 있어야 한다.

 토의는 주제와 목적에 따라 원탁 토의, 패널 토의, 심포지엄, 포럼 등의 토의 방식을 정할 수 있다. 또한 구체적인 토의 사항을 의제라고 하는데, 토의를 효과적으로 진행하려면 토의 사회자는 의제들을 미리 생각해 두어야 한다. 토의 참가자들은 구체적인 의제들을 예측하고, 각각의 의제에 대해 어떤 제안을 하며 어떤 자료나 근거를 제시할 것인지 필요한 준비를 해 두어야 한다.

2. 토의의 종류

1) 원탁토의

가) 특성

원탁 토의는 비공개 자유토의의 대표적인 형식으로서 참여자들이 원탁에 둘러 앉아 자유롭게 이야기하는 방식이다. 10명 내외의 구성원이 공통으로 관심과 지식을 가지고 있는 문제에 대해서 동등한 자격으로 참여한다. 특별한 절차나 규칙에 얽매이지 않고 자유롭게 의견을 제시하여 문제를 해결하거나 의사 결정을 내릴 수 있다.

학습에 이 방식을 활용하는 경우 자유롭게 의견을 개진할 수 있다는 장점이 있지만, 철저한 준비가 선행되지 않거나 하나의 의제가 일단락 된 후에 다른 의제를 논의하지 않는 경우 산만해지고 시간 낭비가 될 수 있다는 단점이 있다. 토의의 진행 과정은 토의 목표 및 형식에 따라 달라질 수 있다. 즉 같은 원탁 토의를 한다 하더라도 이해를 목표로 하는 경우와 문제를 목표로 하는 경우는 진행 과정이 다르다. 다음은 문제 해결을 목표로 하는 원탁 토의 진행 과정이다.

나) 진행 과정

① 토의 문제 제시 : 사회자가 토의하고자 하는 문제를 제시한다. 토의하는 이유를 참여자 전원에게 전달하여 논의할 문제에 대한 공감대를 형성하도록 한다.

② 토의 문제 분석하기 : 확정된 문제를 조사하고 분석하는 단계이다. 문제의 배경, 문제의 원인과 결과 등을 다

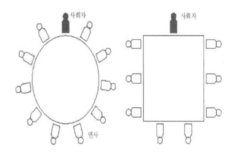

원탁 토의의 좌석 배치도

각도로 조사하고, 문제의 본질이 무엇인지를 논의한다.

③ 해결안 제시 : 문제에 대한 조사와 분석이 끝나면 해결안을 제시하여야 한다. 토의에 참여한 사람들은 문제 해결과 관련된 모든 방안들을 제시하되 추상적이고 막연한 해결안을 제시할 것이 아니라 합당한 근거와 필연적인 이유를 들어 구체적인 해결안을 제시하여야 한다.

④ 최선안 결정하기 : 제시된 해결안의 문제 해결 능력, 해결안의 실용성, 해결안의 실현 가능성, 해결안의 장단점 등을 세밀하게 따져본 후에 최선의 해결안을 선택한다. 이때에는 개인의 입장이나 이익을 버리고 객관적인 입장에서 공동의 이익을 위한 바람직한 해결안을 선택하여야 한다.

⑤ 실천 방안 모색 : 해결안을 마련하였으면 이를 실천하기 위한 구체적인 방법을 모색하여야 한다. 이상적인 해결안을 마련하였어도 그것을 실천하지 못하면 토의의 의의는 사라지고, 또한 실천을 했는데 기대했던 만큼의 결과를 얻지 못한다면 역시 토의의 의의는 반감될 것이다. 따라서 해결안을 실천하는 데 필요한 구체적이고 현실적인 방법을 마련하여야 한다.

2) 패널 토의(panel dicussion)

가) 특성

패널 토의는 토의 문제에 대한 전문 지식을 갖춘 몇 사람, 대체로 3~6명의 토의자들이 일반 청중 앞에서 공개적으로 사회자의 진행에 따라 문제와 관련된 정보, 지식, 의견 등을 나누고, 토의가 끝난 뒤에 청중으로부터 질문을 받고 토의자가 대답을 하는 질의응답 시간을 갖는 형식이다. 패널은 재판에 참여하는 배심원을 가리키는 말로써 패널 토의를 배심 토의라고도 하며, 각각의 토의자를 패널리스트라고도 한다. 토의 문제에 대해서 개인 또는 사회 각계의 입장이 다를 경우에 전문가나 각계를 대표하는 책임자가 각자의 지식이나 정보를 교환함으로써 토의 문제를 깊이 이해하고 여러 각도에서 해결안을 찾기 위해 만들어졌다. 따라서 새로운 것을 알기 위해서보다는 서로 다른 의견을 수렴하고 조정하는 수단으로 쓰이기 때문에 시사, 정치, 학술 문제, 또는 특정 분야의 전문적인 문제를 해결하는 데 사용한다.

학습에 이 방식을 활용하는 경우, 여러 계층의 전문가가 청중들의 흥미를 불러 일으켜

학습의 효과를 높이는 데 도움을 줄 수 있다는 장점이 있다. 반면에 능력 있는 사회자나 패널을 구하기 쉽지 않고, 패널들은 시간적인 제약 때문에 논리 정연한 의견을 제시하기 어려우며, 청중은 패널의 토의로부터 유익한 것을 얻기 위해서는 충분한 관심과 지식을 가지고 있어야 하는데 그렇지 못할 경우 수동적으로 보고 듣기만 할 수 있다는 단점이 있다.

나) 진행 과정

① 토의 문제 제시 : 사회자가 토의하고자 하는 문제를 제시한다. 토의하는 이유를 토의자 및 청중 전원에게 전달하여 논의할 문제에 대한 공감대를 형성하도록 한다.

② 패널들의 자유 토의 : 문제 관련 분야의 전문가 또는 각 계층의 대표인 패널들이 문제와 관련된 지식과 정보를 서로 교환하며 토의 문제가 발생하

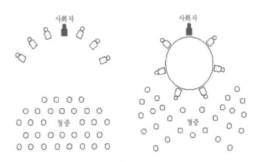

패널 토의의 좌석 배치도

게 한 사회적 배경, 문제의 원인, 문제의 결과, 해결안 등을 논의한다. 발언을 할 때는 상대방을 논박하는 것이 아니라 자신의 의견을 정확하고 간결하게 개진해야 한다.

③ 질의응답 : 사회자는 패널들의 토의 내용을 요약하고 청중에게 자유롭게 질의할 기회를 준다. 질의는 제기된 의견이나 정보 등 토의된 내용에 관한 것이어야 한다. 또한 한정된 시간임을 고려해서 질의하는 사람이 자기주장이나 입장을 장황하게 피력하는 것보다는 패널들로부터 더 나은 해결안을 이끌어내기 위한 간략하고 명확한 질의여야 한다. 답변은 지명 받은 패널이 하면 되지만, 지명하지 않는 경우는 패널 누구나 자유롭게 할 수 있다.

④ 의견 반영하기 : 청중의 문제 제기를 바탕으로 앞선 토의 내용을 수정하거나 보완한다. 제한된 시간 안에 의견 조정이 어려운 의제에 대해서는 좀 더 시간을 두고 논의할 수 있도록 보류해 두도록 한다.

⑤ 토의 정리하기 : 패널들의 지명 발언을 마치고 난 다음, 사회자는 결론에 이르면 토의 내용을 정리해서 분명히 하고, 결론에 이르지 못하면 토의된 의제와 남겨진 문제 등을 정리해서 토의를 종결한다.

3) 회의(conference)

가) 특성

회의는 공동으로 당면한 문제를 해결하기 위해 두 사람 이상이 모여서 협의하여 의제를 채택하고 참여자들의 동의를 얻어 의제에 관련된 사항을 결정하는 방식이다. 이는 토의의 가장 일반적인 형식이라 할 수 있는데, 동일한 공간에 모인 사람들이 상호 협력하고 영향을 주고받으면서 정보 교환, 문제 해결, 의사 결정 등에 도움을 준다.

회의 주재자가 회의 개최 여부를 결정할 때는 불필요한 회의를 소집하거나 필요한 경우임에도 불구하고 회의를 소집하지 않는 잘못을 범해서는 안 된다. 회의를 소집하는 것이 좋은 경우는 여러 사람과 정보를 공유해야 할 때, 전달해야 할 정보가 이해하기 힘들고 왜곡의 가능성이 있을 때, 여러 사람의 임무를 적절히 조절하는 것이 일의 성패에 큰 영향을 미칠 때, 여러 사람으로부터 아이디어를 들을 필요가 있을 때, 일을 처리하는 과정에 여러 사람들의 헌신적인 참여가 필요할 때, 집단의 일체감을 조성할 필요가 있을 때이다. 회의를 소집하지 않는 것이 좋은 경우는 분명한 목적이 없을 때, 회의가 목적 달성을 위한 최선책이 아닐 때, 회의가 많은 시간을 허비하게 될 것이라고 우려가 될 때, 빠른 결정이 필요할 때, 다른 사람의 제안이 불필요할 때, 주어진 일을 전적으로 혼자 통제하고 싶을 때이다.

회의는 학급 회의를 비롯하여 국회의 정기 총회와 임시 총회, 각 기관의 임원 회의 등과 같이 대부분의 경우 조직된 집단에서 선출된 임원들이 회칙에 따라 진행한다는 점에서 다른 토의 형식과는 구별된다. 그런데 회의라고 해서 진행 방식이 모두 동일한 것은 아니다. 회의 성격이나 의제에 따라 서로 다르게 진행된다. 즉 일반 회의라도 정기 총회인 경우와 예산 배정을 위한 이사회 진행 방식이 다르고 국회상임위원회와 같은 의결 집단의 진행 방식이 다르다. 이 글에서는 의안을 결정하는 데 사용한 일반 회의 진행 방식을 제시할 것이다.

나) 진행 과정

① 준비하기 : 회장 또는 의장이 개회를 선언하면 서기가 출석 인원을 조사한다. 그리고 서기가 전 회의록을 낭독하고 정정 및 정리를 한 후에 임원 및 위원회 보고를 한다. 새로운 의사 일정을 발표를 한 다음, 회장은 의제를 선포하고 토의 방향을 제시한다.

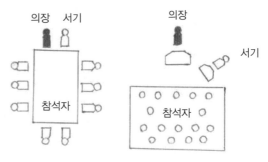

회의의 좌석 배치도

② 의사 교환하기 : 회장은 회의 참여자에게서 문제와 관련된 정보 및 의견을 수렴하여 토의 문제를 분명하게 부각시키고 바람직한 결론에 도달하도록 회의를 이끌어나가야 한다. 회의 참여자 중 회장은 가장 중요한 역할을 하는 사람으로서 회의 진행을 책임진 조정자이다. 따라서 자신의 주장이나 의견을 내세워서는 안 되며, 회의 규칙에 따라 공정하게 진행하여야 한다. 회의 참여자들은 회의의 목적, 방향을 잘 이해하고 있어야 하며, 특히 회의 진행 규칙을 숙지하고 회의에 임해야 한다. 그리고 논의되고 있는 의안에 관해서는 명확한 판단과 분명한 태도를 취해야 하며, 자기 발언에 대해서는 책임을 져야한다.

③ 의사 결정하기 : 의사 결정 방법에 따라 결론을 채택한다. 의사 결정은 만장일치제, 다수결 중 하나를 택할 수 있으며, 의사 표시는 거수가결이나 투표의 방법을 사용하고, 투표의 경우 기명으로 하거나 무기명으로 할 수 있다.

④ 토의 정리하기 : 회장은 회의 결과를 반복하여 설명하고 미흡한 점이 없는지 검토한 다음 폐회한다. 그런데 이러한 회의 진행의 전 과정은 서기가 회의록에 사실대로 기록해서 남기게 되는데, 회장이 판단해서 필요한 경우 폐회를 하기 전에 회의록을 낭독할 수도 있다.

4) 심포지엄(symposium)

가) 특성

고도의 전문성을 가진 4~5명의 참여자들이 청중을 앞에 두고 각자 일정 시간 동안 발표를 하고 난 뒤에 청중으로부터 질의응답의 시간을 갖는다. 이것은 패널 토의와 방식이 비슷한 것처럼 보인다. 그러나 패널 토의는 먼저 참여한 패널들끼리 공개적으로 자유토의를 벌인 다음 청중의 질의를 받지만, 심포지엄은 먼저 각 토의자가 분담한 토의 문제에 관한 정보나 자기 견해를 청중에게 연설, 강의 형식으로 10분 정도 발표를 한 다음 청중의 질의를 받으며, 토의자 간 의견 교환이 거의 없고 특정한 결론 도출을 목적으로 하지 않는다는 점에서 다르다.

심포지엄은 토의 문제에 관한 다양하고 권위 있는 의견을 제공하거나 다양한 측면에서 문제를 분석하고자 하는 경우에 활용되기 때문에 토의자는 각 측면의 전문가나 대표자로 신중하게 선정해야 한다. 특히 발표자에 의해 토의가 좌우되므로 발표자 선정도 중요하다.

심포지엄을 학습에 활용할 때, 짧은 연설이지만 청취를 자극할 수 있고, 문제에 관련된 광범위한 지식과 의견 등을 얻을 수 있으며, 주제의 다양한 측면을 다루기 때문에 왜곡과 지나친 단순화를 막을 수 있다는 장점이 있다. 그러나 학습자들이 적극적으로 참여할 수 없으며, 학습자들에게서 연설의 효과를 평가하기가 어렵고, 문제의 여러 측면을 심도 있게 다룰 수 있는 토의자를 선정하기가 어렵다는 단점이 있다.

나) 진행 과정

① 토의 문제 제시 : 사회자가 토의하고자 하는 문제를 제시한다. 토의하는 이유를 토의자 및 청중 전원에게 전달하여 논의할 문제에 대한 공감대를 형성하도록 한다.

② 토의자 발표 : 문제와 관련된 분야의 전문가들이 서로 다른

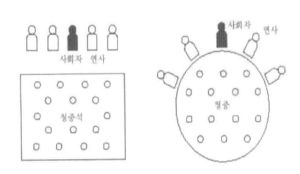

심포지엄의 좌석 배치도

측면에서 문제를 분석하고 발언 시간에 맞게 분량을 조절하여 발표한다. 지정된 토의자가 5명이라면 문제는 5가지 측면에서 다루어진다. 예를 들면, "저출산으로 인한 인구 감소 문제를 해결할 수 있는 방안은 무엇인가?"라는 문제로 심포지엄을 할 경우, 첫 번째 토의자는 이 문제 관한 발제를 할 수 있으며, 두 번째 토의자는 저출산의 원인, 세 번째 토의자는 인구 감소의 문제, 네 번째 토의자는 저출산 극복의 주요 정책, 다섯 번째 토의자는 다른 나라의 인구 정책 등으로 나누어서 발표를 한다. 발표가 너무 길어지면 청중을 지루하고 피곤하게 할 수 있으므로 주어진 시간 안에 반드시 마칠 수 있어야 한다. 이때 사회자가 발표 순서와 발언 시간을 통제할 수 있다.

③ 질의응답 : 사회자는 패널들의 토의 내용을 요약하고 청중에게 자유롭게 질의할 기회를 준다. 질의는 제기된 의견이나 정보 등 토의된 내용에 관한 것이어야 한다. 또한 한정된 시간임을 고려해서 질의하는 사람이 자기주장이나 입장을 장황하게 피력하는 것보다는 발표자들로부터 더 많은 정보를 얻어내기 위한 간략하고 명확한 질의여야 한다. 답변은 지명을 받은 발표자가 하면 되지만, 지명하지 않는 경우는 사회자가 질문의 내용과 관련된 발표자를 지명하여 들을 수 있다.

④ 토의 정리하기 : 청중과 발표자의 질의응답이 끝나면 사회자는 토의 내용을 명확하게 정리하여 청중에게 알려주고 토의를 종결한다.

5) 포럼(forum)

가) 특성

포럼은 고대 로마 시대에 재판이나 공공 문제에 대하여 공개 토의를 했던 공공의 장소라는 의미에서 유래했다. 이것은 패널 토의나 심포지엄과 형식이 대체로 비슷하나 어떤 문제에 대하여 많은 식견을 가진 사람이 혼자 그 문제에 대하여 여러 가지 견해를 이야기한 다음 청중과 질의응답을 벌이는 토의 형식이라는 점에서 구별 된다. 다른 토의와는 달리 처음부터 청중의 참여로 이루어지는 토의이다.

여기에는 대담 포럼, 강의 포럼, 토론 포럼 등이 있다. 대담 포럼은 한두 사람과 청중이 서로 대담 형식으로 질의와 응답을 주고받는 방식이며, 강의 포럼은 저명한 인사를 초청하여 강연 형식의 발표를 듣고 사회자의 진행에 따라 청중과 질의응답을 하는 방식이다. 토론 포럼은 한 사람이 어떤 문제에 대한 주장을 한 다음 청중과 토론을 벌이는데, 이 경우 서로 상충되는 입장에서 논의가 시작된다.

　포럼은 토의 문제가 전체 구성원들과 밀접한 관련이 있거나 전체 구성원의 의견을 수렴할 필요가 있는 경우, 또는 구성원들이 자신의 의견을 표현하는 데 적극적인 경우에 활용할 수 있다. 이 형식을 학습에 활용할 때, 학급의 전체 구성원들이 토의에 직접 참여할 수 있다는 점에서 보다 효과적인 학습 성과를 기대할 수 있고, 구성원이 제기한 의견이나 질의를 중심으로 토의가 진행되기 때문에 학습자의 학습 욕구와 필요를 충족시킬 수 있다는 장점이 있다. 반면에 참여자들이 문제에 대하여 명확히 이해하지 못할 경우 의도하지 않은 방향으로 진행되거나 산만해질 수 있으며, 토의 문제가 구성원들의 관심도와 다소 거리가 있는 경우는 구성원들의 집중력이 떨어질 수 있다는 단점이 있다.

나) 진행 과정

　① 토의 문제 제시 : 사회자가 토의하고자 하는 문제를 제시한다. 토의하는 이유를 토의자 및 청중 전원에게 전달하여 논의할 문제에 대한 공감대를 형성하도록 한다.

　② 대표자 발표 : 문제와 관련된 분야의 전문가나 대표자가 토의 문제의 사회적 배경, 문제의 원인, 문제의 결과 등 다양한 측면에서 문제를 분석하고 발표한다.

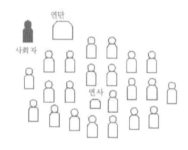

포럼의 좌석 배치도

　③ 질의응답 : 사회자는 대표자의 발표 내용을 요약한 다음 청중에게 자유롭게 질의할 기회를 준다. 질의와 응답이 토의의 내용이나 결론의 방향을 결정짓기 때문에 서로 자기 주장만 고집하여 공박을 하거나 감정적인 대응을 하지 않아야 하며, 마음을 열고 보다 나은 결론을 얻기 위해 상호 협력해야 한다. 절대 질의를 독점하는 일이 없어야 하며, 질의 자체가 또 하나의 발표가 되지 않도록 해야 한다. 이때 사회자는 질의응답에 대해서 통제할 수 있는데, 미리 발표자와 청중에게 그 규칙을 알려주는 것이 좋다. 또한 사회자는 청중의 질의를 발표자에게 돌리기 전에 질의 내용을 정리하여 반복하고 난 다음 답변을 듣도록 한다. 만일에 의견 대립이 심한 경우는 서면 질의를 요청하고, 질의서를 수집한 다음 중요한 것을 선성하여 청중을 대신해서 사회자가 질의하는 방법을 택할 수도 있다.

④ 토의 정리하기 : 청중과 발표자의 질의응답이 끝나면 사회자는 토의 내용을 명확하게 정리하여 청중에게 알려준다. 토의를 종결짓기 전에 질문이 남아 있는 사람은 토의가 끝난 후에 개별적으로 질의하도록 제의하고, 발표자와 청중의 동의를 얻어 토의를 종결한다.

6) 그 밖의 토의 형식

① 세미나(seminar) : 공동 연구 토의라고도 할 수 있다. 어떤 주제에 관심을 가진 사람들이 소집단을 형성하여 공동으로 연구 발표한 후 토론하는 형식이다. 토의 주제에 대해서 발표자나 토론자 모두가 전문가이어야 한다. 발표자가 토의 주제에 대해 발표한 후 토론자들이 그에 대해서 토론하고 청중들도 참여할 기회를 가진다. 주로 학술 논문을 발표하는 데 활용되는 토의의 한 형식이다.

② 브레인스토밍(brainstorming) : 참가자들이 자신의 아이디어만을 제시하고 다른 사람의 아이디어에 대한 비판을 하지 못하도록 하는 방식이다. 다른 사람의 아이디어를 평가할 수 없다는 금기 사항 때문에 토의라 하기 어려운 부분이 있기는 하다. 왜냐하면 토의라고 한다면 집단 구성원들 간의 자유로운 상호 작용을 전제로 하는 것이기 때문이다. 그러나 이 방식은 짧은 시간 내에 많은 아이디어를 취합해야 하는 경우나 참여자들이 개별적인 의견이나 태도를 자세히 알아보고자 하는 경우에 매우 효과적이다.

③ 버즈 토의(buzz session) : 버즈 토의는 6·6토의라고도 한다. 6명씩 짝을 지어 6분 동안 토의한다는 의미이다. 그러나 반드시 인원수에 제한을 두는 것은 아니다. 예컨대 짝꿍끼리 토의한 후 이들이 조합하여 4인 토의를 하고, 그 다음에 8인 토의를 하는 것처럼 토의 집단 인원의 범위를 확대할 수 있다. 각종 토의의 예비 토의용으로 활용할 수 있고 토의가 끝난 후에 문제점을 발견하거나 종합 정리에 활용할 수 있다. 전체 집단이 너무 커서 이를 여러 개의 소집단으로 나누어서 자유 토의를 하고, 그 결과를 전체 회의에 보고하는 방식은 분임 토의와 유사하다.

④ 콜로키(colloquy) : 일반적으로 콜로키는 모든 참여자들이 공식적인 규칙에 따라서 다함께 이야기를 주고받는 토의 형식이다. 공식적으로 함께 이야기한다는 의미를 가진 콜

로키라는 말은 다양한 의미로 사용되는데, 대학에서는 전문가 세미나를 가리켜 콜로키엄(colloquium)이라고도 한다. 이것은 세미나와 비슷하기는 하나 권위 있는 전문가를 초빙하여 다른 사람들의 그릇된 의견을 바로잡아 주게 한다는 점에서는 서로 다르다. 콜로키는 교수와 학생 간에 강의 내용을 중심으로 진행되는 대담 형식, 지역 문제에 대해서 관심을 가진 토의자들과 전문가 한 명이 벌이는 토의 방식, 토의 문제에 대해서 첫 번째 발표자가 자신의 의견을 발표하고, 두 번째 발표자는 첫 번째 발표자의 의견에 대해서 긍정과부정 견해를 밝힌 다음 자신이 믿는 진실을 주장하는 방식 등을 사용한다.

⑤ 워크숍(workshop) : 몇 개의 소집단으로 분류하여 작업과 토의를 병행하는 방식이다. 먼저 집단별로 공동 과제를 해결하는 방법이나 절차, 개인별로 분담할 역할이나 절차등에 대해서 종합 토의를 하고, 그 다음에 개인별로 분담된 역할이나 작업은 자신의 책임하에 성실히 수행하도록 한다. 소집단별로 개인별 작업의 결과를 발표하고 토의 한 후 공동 작업의 결과를 종합 토론한다.

3. 사회자와 참여자 역할

1) 사회자

토의에서 사회자의 역할은 매우 중요한다. 그의 임무는 크게 세 가지이다. 첫째는 토의의 계획과 준비요, 둘째는 토의의 실제적인 진행이요, 셋째는 토의가 끝난 뒤 그 내용을정리하여 보고하거나 다른 사람들이 활용하도록 제공하는 임무이다. 세 가지 중 실제 토의의 진행 임무가 자장 중요한데, 이는 시작, 중간, 끝의 세 부분으로 나누어 볼 수 있다.시작하기 부분에서 사회자는 우선 참여자들을 소개하고, 다음으로는 토의 문제를 소개해야 한다. 참여자들이 이미 알고 있는 문제라 하더라도 반복해서 명시적으로 알려 주는 것이 토의 문제에 대한 불확실성을 막을 수 있는 방법이다. 또한 참여자들에게 토의의 필요성과 문제에 대한 충분한 배경 정보를 제공하여야 한다.

다음은 사회자가 토의를 조정하는 역할을 한다. 이는 다시 두 가지로 나눌 수 있다. 하나는 토의 참여자들로 하여금 주어진 토의 문제에 대한 어떤 해결 방법이나, 결론을 이끌어 내도록 하는 과제 해결의 임무(과제 기능)이다. 다른 하나는 모든 토의자 참여자들이 만족할 수 있도록 토의 분위기를 만들고 유지시키는 임무(사회-감정적 기능)이다. 과제 해결 임무를 수행하기 위해서 사회자는 토의 참여자들에게 토의 문제를 명확하게 규정해 주고, 토의 사항을 순서대로 제시해주면서, 그에 대한 적극적이고 진지한 의견 교환을 장려하되, 토의가 문제에서 빗나가지 않도록 해야 한다. 또한 때때로 토의 내용을 요약하고 종합해 주면서 토의 문제에 대해 어떤 결론을 얻는 방향으로 유도해 나가야 한다. 예를 들면, "우리가 제안한 것은 ○○○ 세 가지였는데, 이 중 ○에 대해서는 동의하신 줄로 압니다. 이제 ○○에 대해서 논의해 보도록 하겠습니다.", "지금 논의하고 있는 것은 본질에서 벗어난 것 같습니다." "이 부분은 잠시만 언급하고 넘어가는 게 좋을 것 같습니다." 등과 같은 발언을 할 수 있다.

그러나 사회자가 이러한 과제 해결의 임무에만 치중하다보면 독재적이고 권위적인 사회자가 되기 쉽다. 그러므로 사회자는 자유롭고 편안하며, 협조적인 분위기를 조성하고 유지시키려는 노력도 필요하다. 이를 위해서는 특정 토의자가 발언 기회를 독점하지 않도록 하면서 소극적인 참여자들에게도 발언 기회를 균등하고 공정하게 배분하고, 토의자들 사이의 갈등과 의견 충돌을 조정하고 해결해 주어야 한다. 토의의 정리 부분에서 사회자는 토의를 종료시킬 의무를 갖는다. 문제를 충분히 논의했다고 판단되거나 예정된 종료 시간에 이르렀다고 판단될 때는 논의된 중요한 의견과 결과를 요약해야 한다. 요약된 내용이나 결론에 대해서 다시 한번 동의를 구하고, 동의하지 않는 참여자가 있을 경우 다시 재논의를 할 수 있도록 해야 한다.

2) 토의 참여자

토의 참여자들이 토의 문제에 대한 사전 지식을 미리 갖추고 해결 방안 등도 미리 생각해 두어야 하는 것은 기본이다. 그리고 실제 토의에 임하여서는 적극적이고 열성적으로 참여하되 협동 정신을 발휘하여 다른 참여자들과 함께 토의 목적을 달성하도록 노력해야 한다. 또한 토의 절차를 숙지하고 사회자의 지시에 따라 질서를 지켜야 한다. 다른 사람의 이야기를 경청하면서 그들의 의사를 존중하고 자기의 의사나 주장을 말할 때는 어법에 맞는 말로 분명하고 조리 있게 표현하되, 항상 예의 바른 태도로 이야기하도록 한다.

토의 문제에서 벗어나거나 불필요한 말, 확실한 증거가 없는 말, 남의 감정을 상하게 하는 말을 하거나 다른 사람의 말을 가로막아서는 안 된다. 혼자 너무 오랫동안 이야기하는 것을 삼가고 다른 참여자와의 의견 충돌을 피하면서 합의점을 찾도록 항상 노력해야 한다.

이처럼 토의 참여자들은 여러 가지 규칙들을 지켜야 한다. 그러나 무엇보다도 중요한 것은 훌륭한 듣는 이가 되어야 한다는 점이다. 다른 사람의 이야기 내용에 이의가 있더라도 그것에 즉각 이의를 제기하거나 비판이나 조소를 보내서는 안 되며, 그의 말이 완전히 끝날 때까지 조용히 기다렸다가 공손하고 예의 바르게 자기의 의견을 제시해야 한다. 훌륭한 그리고 건설적인 토의 참여자는 자기 의사를 적극적으로 발표하기보다는 다른 사람의 의사와 발언권을 존중할 줄 아는 사람이다.

3) 청중

토의에 직접적으로 참여하지 않는 청중이라 하더라도 문제와 관련된 자료를 조사하여야 한다. 토의를 지켜보면서 발표자들의 정보와 의견이 정확한 근거를 가지고 있는지, 논리적으로 타당한지, 해결안이 합리적인지를 판단하고, 질의응답 시간에 문제를 제기하거나 질문을 하기 위해서는 문제에 관한 어느 정도의 지식과 정보를 가지고 있어야 하기 때문이다. 질문을 할 때는 요점을 간결하고 명확하게 말하되, 문제에서 벗어나지 않도록 하면서 자신의 의견을 간략하게 붙이는 것이 좋다.

4. 토의의 절차와 방법

(1) 토의의 일반 과정

토의는 공동체의 문제를 구성원들의 협력적 사고를 통해 합리적으로 해결하고자 하는 담화 유형이다. 따라서 공통된 하나의 문제에 대하여 공동의 의사 결정 단계를 거쳐 해결책을 논의하는 것이므로 가능한 한 참가자 전원이 의견을 제시하고, 여러 방안을 검토하여 합의를 이루어 내는 것이 바람직하다.

토의 참가자들은 토의의 일반적인 순서를 염두에 두고 주제와 관련된 자료를 철저히 검토하여 발표할 의견을 정리한 후, 토의에 참석하여야 한다. 이런 철저한 준비를 하지 않고서는 어떤 문제에 대한 바람직한 해결 방안을 제시하기가 어렵기 때문이다. 토의는 토의 문제 제시, 토의 문제 분석하기, 해결안 제시하기, 최선의 해결안 선택하기, 실행 방안 모색하기 순서로   진행된다.

(2) 토의 문제의 선정

토의는 여러 사람이 모여 공동의 문제를 해결하기 위해 협의하는 과정이다. 토의는 공동의 목적에 대한 다양한 의견을 교환함으로써 문제에 다각도로 접근하여 최선의 해결 방안을 찾아내는 데 그 목적이 있다. 따라서 토의 문제를 선정하는 것이 무엇보다 중요하다. 토의 문제는 시의성이 있으며, 다룰 만한 의미가 있는 것, 다양한 의견의 접근이 가능한 것 그리고 모든 참여자들에게 관심이 있는 것으로 선정한다. 토의 문제가 선정되면, 이를 정확히 분석하고 파악해서 모든 참여자들이 정확히 알 수 있도록 서술한다. 토의 문제는 다양한 접근이 가능하도록 명사구나 평서문보다는 의문문의 형태로 진술하는 것이 바람직하다. 그러나 '예' 또는 '아니오'라는 대답이 나오지 않도록 해야 한다. 토의 목표는 세 가지이다. 문제를 이해하고, 문제를 해결하며, 의사 결정을 내리기 위해 토의를 한다. 사실 문제, 가치 문제, 정책 문제 중에서 사실 문제는 이해를 목표로 하는 것이고, 가치 문제는 어떤 문제가 바람직한지 그렇지 않은지, 좋은지 나쁜지를 판단할 것을 요구하며, 정책 문제는 어떤 문제의 해결을 도출하는 것을 목표로 한다. 이들 각 토의 문제의 실례를 들어보면 다음과 같다.

- 사실적 문제 : 문제를 정확히 이해하기 위한 토의에서 어떤 상황이 존재하는지, 그 상황이 어떤 환경 아래에서 존재하는지, 그것이 어떻게 정의될 수 있는지를 논의한다. 문제를 정확히 이해하기 위한 토의.
  ㉠ 환경 보호를 위한 정부의 대책은 무엇인가?, 에너지 위기가 있을까?
- 가치적 문제 : 어떤 문제에 대한 가치 평가를 위한 토의에서 사안이나 정책이 좋은지 나쁜지, 바람직한지 바람직하지 않은지, 기대되는지 희망이 없는지를 논의한다.
  ㉠ 오늘날의 문자 생활에 비추어 본 훈민정음의 가치는 무엇인가?, 한국에서 양당 제도가 최선의 정치 제도인가?
- 정책적 주제 : 어떤 사안이나 정책을 실천하거나 실행하는 과정을 유도하는 것으로, 일반적으로 토의 집단이 실천하거나 실행할 수 있는 영향력이나 권한을 지닌 경우에 논의한다.
  ㉠ 인터넷 실명제를 해도 좋은가?, 샛강을 살리려면 어떻게 해야 하는가?

(3) 토의 문제에 대한 조사 연구

토의 문제의 서술이 완료되면 이것을 모든 토의 참여자에게 알려주어 토의 문제에 관한 사전 조사 연구를 하도록 해야 한다. 토의는 토의에 직접 참가할 사람들과 사회자뿐만 아니라 토의에 참여할 청중도 토의 문제를 미리 연구하여 충분한 사전 정보와 지식을 갖추어야 실제 토의에서 좋은 의견이나 제안을 제시할 수 있다. 토의 문제에 관한 사전 조사 연구에서는 먼저 무엇을 조사하고 연구할 것인지를 생각하고, 이미 알고 있는 것은 무엇이며 조사와 연구가 더 필요한 것은 무엇인지를 결정한다. 그리하여 조사한 자료와 그 출처는 카드 등에 정확히 기록하여 토의장에 가지고 나가도록 한다. 이 밖에도 토의를 하기 위해서는 여러 가지 준비가 필요하다. 토의의 구체적 목적과 방식을 결정하고 또한 구체적인 토의 사항들도 미리 생각해야 한다. 구체적인 토의 사항은 의제라고 하는데 토의를 효과적으로 진행하려면 여러 의제를 미리 구체적으로 작성해 놓아야 한다.

5. 토의의 실제와 평가

(1) 토의하기

토의를 실제로 하기 위해서는 그 진행 절차를 정확히 알아야 한다. 토의에 참여한 사람들이 갖추어야 할 역할을 명확히 인지해야 한다. 토의는 집단적으로 이루어지기 때문에 주어진 역할을 제대로 소화하지 못하면 시간적인 손해를 초래하고, 문제 해결을 위한 생산적인 토의를 할 수 없게 된다.

※ 다음 참고자료 중에서 토의 주제를 선정한 뒤, 토의 방식을 결정하여 실제 토의를 해 보자.

〈참고자료〉

① 토의주제: 북한 핵실험에 대해 정부는 어떻게 대응해야 할까?

정부가 출범 직후 지난해 1월 북한의 4차 핵실험 직후 중단됐던 남북 민간 교류의 재개를 추진하고, 군사당국자회담과 이산가족 상봉 카드까지 꺼내든 것은 모두 남북 간 '단절'을 해소하기 위한 조치들이다. 그러나 북한은 요지부동이다. 새 정부가 국제사회의 대북제재에 공조하는 데 불만을 표출하며 민간 교류 재개 요구에 응하지 않고 있다. 군사분계선 상에서의 적대 행위 중단을 목적으로 한 군사당국자회담 제의도 외면했다. 정부가 다음달 1일 이산가족 상봉 문제를 논의하기 위해 열자고 제안한 남북 적십자회담도 성사 여부가 불투명하다. 정부는 우선 끈기를 갖고 대화 재개 추진 기조를 유지하겠다는 입장이다. 설령 북한이 추가 탄도미사일 시험발사를 한다고 하더라도 큰 틀에서의 대북 정책은 유지하겠다는 방침으로 알려졌다. 통일부 당국자는 이날 북한의 추가 도발이 있더라도 "대화 기조 입장은 분명하다"며 주변 상황과 시점에 관계없이 군사당국자회담과 적십자회담 제의는 유효하다고 밝혔다. 북한 문제에 있어서 정부가 주도권을 가지고 가겠다는 의지로 풀이된다. 그렇지만 주변국들의 움직임이 우호적인 상황은 아니다. 미국의 경우 의회가 새로운 대북제재 법안을 통과시키는 등 제재 강화에 초점을 맞추고 있다. 여기에다가 이번에 가결된 통합 법안에 러시아에 대한 제재 내용이 포함되고, 미국 정부가 북한과 거래하는 중국 기업을 제재하는 등 북한 주변국 간 관계가 와해되는 상황도 부정적 요인이다.

김용현 동국대 북한학과 교수는 "북한이 주변 상황에 아랑곳하지 않고 핵 무력 완성에 박차를 가하고 있다는 점에서 북핵 문제가 이제는 (변수가 아닌) '상수(常數)로 본다"며 "그러나 향후 북한 문제가 논의되는 과정에서 유연성을 회복할 가능성은 있다"고 말했다. 그는 "다만 현재 주도권은 북한과 미국이 갖고 있다"며 "우리 정부는 당장은 쉽지 않겠지만 남북관계 회복에 관한 입장을 일관되게 가져가는 게 필요하다"고 말했다.

– 뉴시스. 2017. 7. 27.

② 토의주제: 한복의 활성화를 위해 노력해야 할 점은?

최근 종로구에서 '한복입기' 활성화를 위해 종로구 의원들이 직접 뛰어들었다. 일 년에 1번 형식적으로 열리는 한복 축제만으로는 서서히 번지고 있는 '한복 열풍'에 불을 댕기기 어렵다는 생각이다. 경점순 종로구 의원은 한복 활성화를 위해 인사동이나 경복궁 등 종로구 일대 전통 문화 공간에서 한복을 입은 학생들에게 봉사점수를 부여하자는 아이디어를 제안한 바 있다. 한복을 착용한 많은 청소년들을 종로 일대에 유입시켜 국내외 관광객들에게 한복의 아름다움을 알리고 이를 통해 지역경제의 활성화도 꾀하자는 취지다.

이 제안과 연계해 종로구의회는 '종로구의회와 함께하는 한복 사랑 캠페인(가칭)'을 추진한다는 계획이다. 그 시범 사업으로 경점순 의원은 지난 9일 30여명의 청소년, 학부모들과 함께 한복을 입고 인사동과 경복궁 일 대를 걸으면서 한복사랑 캠페인을 벌였다. 이날 캠페인에는 종로를 찾은 외국 관광객의 큰 호응을 받아 함께 기념사진도 촬영하는 등 그 가능성을 열었다. 경 의원은 "이같은 캠페인을 매주 지속하면 앞으로 많은 시민들과 외국인 관광객들의 한복 열풍의 단초가 될 것으로 생각한다"며 "청소년들에게 전통 문화의 소중함을 느끼게 하는 교육적인 효과와 지역 경제에도 긍정적인 영향을 끼칠 것이다"라고 강조했다.

– 시정일보, 2017.4.13.

 디즈니 애니메이션 '알라딘'의 자스민 공주를 한국적으로 해석한 일러스트 작가 흑요석(본명 우나영) 씨의 작품이 SNS에서 화제. 흑요석 작가는 동양화의 선과 색을 살린 만화 같은 그림으로 사랑받는 일러스트 작가이다. 그는 지난 26일 자신의 트위터 계정에 "디즈니 프린세스 자스민 한복 버전을 그려보았습니다. 한복 엘사 이후 시리즈로 그리려고 맘먹고 있었는데 이제야 그렸네요."라는 글과 함께 그림 한 장을 게재했다. 그림은 영화 '알라딘'의 자스민 공주를 한복을 입혀 재해석했다. 사진은 1만회 이상 리트윗되며 뜨거운 반응을 불러 일으켰다.

– 스포츠뉴스, 2017. 7.27.

③ 토의주제: 고령층 고용률이 높은 이유와 해결 방안에 대해 생각해 보자.

경제협력개발기구(OECD) 발표에 따르면 한국의 노년 고용률이 최상위권을 꾸준히 유지하는 것으로 나타났다. 특히 75세 이상 고령층 인구의 고용률은 17.9%로 5년 연속 1위인데, 이는 2위 멕시코보다도 1%포인트 가까이 높은 수치다. 한국과 멕시코를 제외하면 나머지 국가들은 모두 한 자릿수다. 특히 덴마크는 75세 이상 고용률이 0.0%로 일하는 노년층이 거의 없는 것으로 나타났다. 우리 나라가 노년층의 고용률이 높은 이유는 과거 박근혜정권이 실업률을 낮춘다면 젊은 층의 일자리가 아니라 저소득·비정규직 노인 일자리를 많이 창출했기 때문이다.

노년층 고용률의 증가는 건강하고 활동적인 노인이 늘어나고 있다는 뜻이기도 하다. 하지만 우리 나라의 경우에는 긍정적인 신호로만 볼 수 없다. 연금과 복지 제도가 성숙하지 못한 탓 에 주된 일자리에서 은퇴한 후 어쩔 수 없이 새로운 일자리를 찾아 뛰어드는 노인층이 상당수이기 때문이다. 또한 법으로 정년을 60세까지 보장하고 있지만 실제로는 지켜지지 않는다. 그렇다 보니 직장에서는 빨리 은퇴하지만, 경적으로 준비가 돼 있지 않아 노인 빈곤율도 높을 수밖에 없다. 통계청에 따르면 2015년 기준 60세 이상 1인 가구의 상대적 빈곤율은 무려 67.1%에 이른다. OECD 회원국 중에서도 우리나라 65세 이상 노인의 상대적 빈곤율은 50.0%로 몇 년째 압도적인 1위다. 기초 생활보장 수급대상자 중 65세 이상 인구도 2015년 처음으로 40만 명을 넘어섰다. 전년 대비 11%P 이상 늘어난 수치다. 이들은 대부분 생활비에 보탬이 되고자 일하고 싶어 했다. 65세 이후에도 일할 수밖에 없는 상황인 것이다. 여기에 고령층의 일자리가 대부분 파트 타임 등 비정규직이나 자영업 중심으로 고용이 불안정하고 노동권이 보장되지 않는 열악한 상황 이 많다.

– 『최신 이슈 & 상식』, 40~41쪽.

④ 토의주제: 건강을 위협하는 미세먼지를 막을 수 있는 방안은 무엇인가?

미세먼지 피해 연간 10조원 이상 미세먼지 문제가 갈수록 심각해지는 가운데, 대기오염에 따른 우리나라의 피해 규모는 연간 10조원이 넘는 것으로 추정된다. 전남대 경제학부 배정환 교수는 "대기오염으로 인한 피해는 현재 10조원대지만 소비와 산업활동에 미치는 파급 효과까지 더하 면 훨씬 커진다"며 "경제적 피해는 물론이고 삶의 질에 부정적 영향을 미치는 측면도 많다"고 말 했다. 한국의 대기오염은 OECD(경제협력개발기구) 회원국 중에서도 가장 나쁜 수준이다.

미세먼지가 우리 생활에 직접적인 영향을 미치는 위험요소가 돼 버렸다. 안타깝지만 당장 피할 수 없는 현실이므로 건강을 지키기 위한 각자의 노력이 필요하다. 미세먼지가 심한 날 실내에서 는 창문을 열어서 하는 환기는 최대한 피하고 공기청정기를 가동해야 한다. 그러나 공기청정기 를 구입하거나 대여하는 데 적지 않은 비용이 들어간다. 일회용 마스크의 가격도 3000~4000 원 정도이기 때문에 서민들에게는 상당한 부담이다. 이에 따라 시민들의 불안감 이 더욱 커지고 있다. 환경부 등에 따르면 미세먼지 건강수칙 가운데 실외활동과 관련해 첫 번째로 중요한 것은 미세먼지 농도가 높은 날에는 장시간 실외활동을 자제하는 것이다. 불가피하게 외출 할 때에는 식품의약품안전처가 인증한 보건용 마스크를 착용해야 한다. 전문가들은 귀가 후에는 곧바로 손 과 얼굴, 귀 등을 깨끗이 씻어야 한다고 강조한다. 환경부는 외부 활동을 하려면 미세먼지 예보 를 확인하고, 가능하면 실시간 미세먼지 농도를 함께 고려해 판단하라고 권했다. 미세먼지 예보 는 좋음─보통─나쁨─매우 나쁨' 등급으로 나뉜다.

마스크의 사용법도 잘 알아둘 필요가 있다. 착용할 때에는 얼굴에 밀착해서 쓰고, 사용한 제품은 오염됐을 가능성이 있으므로 일반적으로 1~2일만 사용하는 것이 바람직하다. 세탁해서 재사용 하지도 말아야 한다. 마스크가 물에 젖으면 정전기력이 떨어져 기능이 저하되기 때문이다. 특히 세탁하면 내장된 미세먼지 차단 필터가 손상돼 미세먼지를 제대로 걸러낼 수 없다 .

– 『최신 이슈 & 상식』, 68~69쪽.

⑤ 토의주제: 사마리아법을 어떻게 시행할 것인가?

착한 사마리아인의 법[The Good Samaritan Law]

: 자신에게 특별한 위험을 발생시키지 않는데도 불구하고 곤경에 처한 사람을 구해 주지 않은 행위를 처벌하는 법.

강도를 당하여 길에 쓰러진 유대인을 보고 당시 사회의 상류층인 제사장과 레위인은 모두 그냥 지나쳤으나 유대인과 적대 관계인 사마리아인이 구해 주었다는 《신약성서》의 이야기에서 유래한 명칭이다(〈루가의 복음서〉 10 : 30~35). 세계 여러 나라에서는 제사장과 레위인과 같은 행위를 구조거부죄 또는 불구조죄로 처벌한다. 예를 들면, 프랑스는 자기 또는 제3자의 위험을 초래하지 않고 위험에 처한 다른 사람을 구조할 수 있음에도 불구하고 고의로 구조하지 않은 자에 대하여 5년 이하의 구금 및 7만 5,000 유로(한화 약 9,300만원)의 벌금에 처한다(신형법 223-6조 2항). 또 폴란드에서도 개인적인 위험에 닥쳐 본인 또는 본인과 가까운 사람들을 노출시키지 않고 구조할 수 있는데도 생명이 위태로운 상황에 처한 사람을 구조하지 않은 자에 대하여 3년 이하의 금고나 징역에 처한다(247조). 이밖에 독일 · 포르투갈 · 스위스 · 네덜란드 · 이탈리아 · 노르웨이 · 덴마크 · 벨기에 · 러시아 · 루마니아 · 헝가리 · 중국도 구조거부행위를 처벌한다.

착한 사마리아인의 법은 근본적으로 곤경에 처한 사람을 외면해서는 안 된다는 도덕적 · 윤리적인 문제와 연결된다. 그러나 법과 도덕은 별개라는 입장에서는 개인의 자율성을 존중하여 법이 도덕의 영역에 간섭해서는 안 된다는 반론을 편다. 우리나라의 경우는 착한 사마리아인의 법, 곧 불구조죄가 적용되지 않는다.

– 두산백과

7월 9일(현지시간) 미국 플로리다 주(州) 코코아 지역의 한 호수.

31세 남성 자멜 던이 물에 빠져 허우적댄다. 이 남성은 '살려달라'고 소리치지만, 힘에 부친 듯 서서히 물속으로 가라앉는다. 던은 결국 익사했다. 이 시간 호수 근처에는 10대 소년 5명이 있었다. 이들은 물에 빠진 남성을 발견한 뒤 휴대전화로 구조를 요청하기는커녕 익사 장면을 스마트폰으로 촬영하기 시작했다. 14~16세인 이들 중 한 명이 "곧 죽어간다"고 말하는 음성이 녹화된 영상에 삽입됐다. 다른 한 소년이 "저 사람 고개가 자꾸 물에 들어가는데, 저러다 곧 죽겠군", "빠져나와, 그러다 죽을라"라고 말하는 음성도 있다. 중간중간 키득키득하는 웃음소리도 섞여 들어갔다. 2분 넘게 이 남성이 생사의 기로에서 절규하는 동안 10대 소년 5명은 아무렇지도 않게 영상을 촬영하고 자기네들끼리 농담을 주고받은 것이다. CNN 등 미국 언론은 21일(현지시간) 이들의 행동에 대해 소셜미디어에서 비난이 쏟아지고 있다고 전했다. 아무리 철없는 10대들이라고 하지만 죽어가는 사람 앞에서 911에 신고조차 하지 않고 천연덕스럽게 영상을 찍은 잔인함에 혀를 내두를 수밖에 없다는 것이다. 한 네티즌은 "멀리 있어서 직접 구조할 수는 없다고 하더라도 최소한 911에 전화는 걸었어야 했다"고 말했다.

플로리다 경찰은 그러나 이들을 처벌할 수 있는 방법은 없다고 말했다. 경찰은 익사 사건을 조사하면서 목격자인 이들을 신문했다. 경찰 관계자는 "처벌 가능한 법 조항이 있다면 이들을 기소하겠지만 그런 조항은 없었다"면서 "태만이나 부주의에 의한 과실범으로 처벌 가능성도 검토했지만 적용할 수 없다는 결론을 내렸다"고 말했다. 숨진 던의 가족은 분통을 터트렸다. 던의 시신은 지난 14일 호수에서 발견됐다. 던의 누이는 "그들에게 무언가라도 해야만 한다. 도대체 도덕은 어디로 갔느냐"라고 말했다. 익사 영상을 촬영한 10대들의 신원은 미성년자라는 이유로 공개되지 않았다.

– 연합뉴스, 2017. 7. 22.

⑥ 토의주제: 슬로시티 10년을 돌아보았을 때 개선할 점은 무엇인가?

슬로시티 운동은 1999년 이탈리아 로마와 피렌체 사이에 있는 포도주 주산지인 '오르비에토시'에서 처음 시작됐다. 기존에 확산된 패스트푸드를 거부하고 깨끗하고 신선한 먹거리로 만든 음식을 먹자는 '슬로푸드 운동'이 출발점이었다. 이는 자연스럽게 슬로푸드의 이념과 철학, 가치를 기반으로 한 슬로시티 운동으로 이어졌다. 1999년 국제슬로 시티연맹이 설립된 이후 현재까지 전 세계 30개국에서 225개 도시가 가입했다. 국내에서 슬로시티에 가입한 곳은 모두 11곳이다. 전남 신안 · 완도 · 장흥 · 담양군이 2007년 12월 아시아 최초로 국제슬로 시티로 인정받은 이후 경남 하동군, 충남 예산군, 경기도 남양주시, 전북 전주시, 경북 상주시 · 청송군, 강원 영월군, 충북 제천시 등이 차례로 가입했다.
슬로시티는 단순히 '속도 승배'를 '느림 승배'로 대체하자는 운동이 아니다. 첨단과 전통을 융합하고 '유유자적한 도시, 풍요로운 마을'을 만들자는 깊은 뜻을 담고 있다. 슬로시티 지정으로 관광객이 몰려 지역민의 삶이 풍족해지고 지역 전체가 관광 브랜드화하는 효과도 얻었다.
반면 부작용도 있다. 슬로시티가 상업화에 이용되는 등 단순 '돈벌이' 수단으로 전락했다는 자조 섞인 한탄도 나온다. 최근 5년 사이 일부 지자체가 슬로시티 재인증 심사에서 탈락하고 보류된 것도 이 때문이다. 국제슬로시티연맹 한국슬로시티본부는 슬로시티에 대한 인식 부재가 이 같은 부작용을 초래한다고 지적한다. 장희정 한국 슬로시티본부 사무총장은 "과거 한 도시는 슬로시티를 국가보조금을 받거나 국책사업을 따내는 데 이용하기도 했다"며 "슬로시티 로고(달팽이가 마을을 이고 가는 모양)를 특정 상품에 박아 상업적으로 이용한 사례도 적지 않다"고 주장했다. 그는 "특정 지역의 아름다운 경관을 10년 뒤에도 보고 싶은 마음에 슬로시티 인증을 해줬는데 경관과 어울리지 않는 숙박시설이 난립하는 등 지역민의 소득 증대에만 혈안이 되는 사례가 많아 안타깝다"고 토로했다.

⑦ 토의주제: 장애학생을 교육했을 때 승진의 기회를 준다는 것은 어떤 문제를 안고 있나?

장애학생이 속한 반 담임을 맡은 교수에게 인센티브를 제공하는 '통합학급 담당자 가산점제'가 인천과 울산 지역에서 여전히 운영되고 있습니다. 이유는 교수 처우라는 현실적인 문제 때문이라는데요. 오래전부터 장애인 차별이라는 지적을 받아온 '통합학급 담당자 가산점제'에 대해 짚어봤습니다.

통합학급 담당자 가산점제(학교에서 장애학생이 속한 반 담임을 맡을 경우, 담임교수에게 가산점을 주는 제도)는 장애학생의 특수교육을 기피하는 교수들에게 인센티브를 준다는 취지로 만들어졌습니다. 다른 가산점에 비해 상대적으로 높은 '월 0.0053'은 교감이나 교장 등의 승진에 유리한 요인이 됩니다. 하지만 이 제도는 일찍이 장애인 차별이라는 비판을 받아왔습니다. 교수가 학생을 가르치는 것은 당연한 업무인데 장애를 이유로 교육을 꺼리는 것은 '직무유기'인 동시에 '차별'이라는 것입니다. 또 학생이 승진의 수단으로 이용된다는 문제도 있습니다. 일반 학급보다 더 많은 관심이 필요한 통합학급, 교수가 자신의 업무량을 고려하지 않고, 승진을 위해 통합교수를 자처한다면, 업무에 밀려 학생을 방치하는 상황이 발생할 수 있습니다. 인천시 교육청은 지난 11일 회의를 개최하고 통합학급 가산점제 개정을 놓고 논의를 나눴습니다. 회의결과 대부분의 구성원은 가산점제 운영 중단이 적합하다는 의견이었습니다. 그러나 교육청 측은 당장 중단은 어렵다는 입장입니다. 교육청으로서는 교수 처우라는 현실적인 문제와 이미 가산점을 받은 교수와의 형평성도 고려해야 한다는 것입니다.

'승진'을 위한 점수로 장애학생이 속한 학급의 담임교수를 독려하는 현실, 과연 이것이 '더불어 사는 사회'의 올바른 길인지 모두가 함께 고민해봐야 할 문제입니다.

– 서울신문, 7. 22.

⑧ 토의주제: 검정 · 국정 · 인정 교과서 중 어떤 선택이 바람직할 것인가?

2016년 내내 대한민국은 국사교과서 국정화 문제로 떠들썩했다. 검정교과서 체제에서 만들어진 국사교과서의 역사 왜곡이 너무 심하다는 이유로 당시 박근혜 정부가 들고 나온 대안이 국사교과서를 국정교과서로 만들자는 것이었다. 그렇다면 검정교과서는 무엇이고 국정교과서는 무엇일까? 먼저 국정교과서는 국가의 주도 하에 단일 체제로 하나의 교과서를 만드는 시스템이다. 따라서 전 학교가 동일한 교과서로 배우게 된다. 이에 반해 검정교과서는 출판사들에 교과서를 만들 권한을 주고 대신 국가기관인 평가원이 심사해 합격한 교과서만 사용하도록 하는 시스템이다. 따라서 검정교과서 체제에서는 국사교과서가 여러 종류 나올 수 있으며, 학교는 이 중 더 좋다고 생각되는 교과서를 선택해 가르칠 수 있다. 한편, 검정 심사 없이 국가 단체(주로 교육청)의 인정만으로 허용되는 교과서가 있는데 이를 인정교과서라 한다. 객관적으로 보면 검정 · 인정교과서가 더 민주적으로 보인다. 그럼에도 박근혜 정부는 국정화를 강행했다. 하지만 반대 여론이 높아 정권이 바뀌면 세 가지 교과서가 공존하는 체제가 될 것 같다.

– 이경윤(2017), 『대화 리더가 되게 하는 지식 & 이슈 상식 330』, 북네스트, 211~212쪽.

⑨토의주제: 프랜차이즈 본사의 횡포를 어떻게 막을 것인가?

  프랜차이즈 본사와 오너들의 갑질이 연이어 터지고 있습니다. 이번에는 총각네 야채가게 이영석 대표의 갑질입니다. 이영석 대표 역시 우리 사회의 성공 신화 가운데 모범 사례 였습니다. 행상으로 시작해 총각네 야채가게를 창업하고 연 매출 400억원 대 업체로 키워냈으니까요. 이씨의 성공담은 뮤지컬과 드라마로도 제작됐죠. 그런데 그 성공의 이면에는 이씨의 도 넘은 갑질이 있었습니다. 점주들에게 욕설과 폭력을 행사하고 금품 상납까지 요구했다는군요. 또 500만원을 내고 '똥개 교육' 이라는 걸 받도록 했다는데 이 역시도 위법 논란입니다. 총각네 야채가게 공식 사과문을 발표했지만 파문은 가라앉지 않고 있습니다.
  '신선설농탕'도 가맹점들을 직영점으로 전환하는 과정에서 매장 매도를 거부하는 가맹점들에 대해 '보복출점'을 했다는 의혹이 제기됐습니다. 본사 대표의 부인이 운영하는 데코레이션 대여전문 업체와 계약을 맺고, 가맹점들에게 사실상 강매했다는 논란도 일고 있습니다. 참다못한 전 가맹점주들이 최근 공정거래위원회에 진정을 냈다고 합니다. 프랜차이즈 갑질이 유행도 아니고요. 이번 기회에 잘못을 바로잡을 수 있다는 점에서 차라리 잘됐다는 생각도 드는군요.
  – SBS뉴스, 2017. 7. 27.

  바른정당과 김상조 공정거래위원장이 27일 가맹점 갑질 근절과 관련해 한 목소리를 냈다. 바른정당은 공정거래위원회와 향후 가맹점 불공정 관행 뿌리뽑기 활동에 지속적으로 협력키로 해, 야당과 정부간 경제민주화 분야 협업에 탄력이 붙을지 주목된다. 바른정당 가맹점 갑질근절 특별위원회는 이날 오전 서울 여의도 국회 의원회관에서 정책간담회를 열어 피해 가맹점주들의 증언을 듣고 제도개선 방안을 논의했다. 이 자리에는 바른정당 특위 위원들을 비롯해 김 위원장도 직접 참석했다. 김 위원장은 인사말을 통해 지난 18일 공정위가 발표한 '가맹분야 불공정관행 근절대책'을 설명하며 협조를 당부했다. 그는 "프랜차이즈 업계의 소위 '갑질'이 하루가 멀다고 보도되면서 공정위가 그간 할 일을 제대로 못해 실망과 고통을 안겨준 것은 아닌지 깊이 반성하는 계기가 됐다"며 "이번 대책이 중요한 법 개정사항들을 담고 있는 만큼 바른정당의 협조를 간곡히 요청 드린다"고 말했다. 지상욱 특위 위원장은 "민생을 위한 바른정당과 정부의 첫번째 콜라보레이션(협업) 작품"이라며 "김 위원장이 이후 시리즈로 진행될 모든 간담회에 함께 하고 의논해 성과가 나타날 때까지 애 쓰겠다고 약속했다"고 밝혔다. 이같이 발빠른 협업 구성은 경제민주화 부분에서 '개혁보수'를 표방하는 바른정당의 정책기조가 정부와 맞아떨어진 데다, 김 위원장과 오랜 협조 경험도 작용한 것으로 분석된다. 김 위원장은 박근혜 정부 당시 새누리당 개혁파가 주축이 된 '경제민주화실천모임(경실모)' 주최 토론회에 수 차례 참석하며 의견을 공유해 왔다. 남경필 경기지사와 김세연 당 정책위의장 등 경실모 출신 다수가 현재 바른정당 소속이다. 한국당과 차별화 효과도 노렸음직하다. 이날 발제자로 나선 이창균 특위 공동위원장은 가맹업계의 구조적 문제를 지적하면서 처벌수위 상향과 함께 "징벌적 손해배상제도 강화 주장과 로열티 제도가 정착되지 않은 프랜차이즈의 구조적 문제에도 대응이 필요하다"고 말했다. 특위는 이날 간담회 이후 가맹점, 가맹본부, 근로자와의 간담회를 순차적으로 열기로 했다. 김 위원장도 협조 의사를 밝힌 만큼 향후 관련법 추진 과정에서도 공조 체제가 이뤄질 가능성이 높아 보인다.

– 경향신문, 2017. 7. 27

⑩ 토의주제: 데이트 폭력을 막을 수 있는 대책은 무엇인가?

지난 19일 20대 여성이 거리에서 남자친구로 추정되는 남성에게 무자비한 폭행을 당해 '데이트 폭력' 문제가 다시 불거졌다.

CCTV 화면 속 남성은 여성을 벽으로 밀치며 얼굴에 주먹을 휘둘렀고 정신을 잃고 쓰러진 여성을 발로 걷어찼다. 당시 상황을 목격한 시민들이 여성을 피신시켰으나 가해자는 이를 보고 트럭을 몰고와 뒤쫓았다. 쫓는 와중에 트럭이 좁은 골목으로 돌진해 시민들은 급히 대피했고, 길가의 펜스가 망가지기도 했다. 이 사건은 "다시는 보지 말자"는 피해자의 말에 남성이 폭력을 휘두른 보복성 폭행이었다. 신고를 접수하고 현장에 출동한 경찰관 중 한 여성 경찰은 충격으로 말을 잇지 못하는 피해 여성을 안아주기부터 했다. 다리에 힘이 풀려 주저 앉는 여성을 보고는 자기도 주저앉아 눈을 맞추며 이야기를 들어주고 눈물을 닦아줬다. 지구대로 옮긴 뒤에도 충격에서 벗어나지 못한 피해 여성은 제대로 서 있지 못해 계속 주저앉았고 여경은 그 옆을 떠나지 않았다. TV 인터뷰에서 순경은 "피해자가 계속 '살려 달라, 죽을 것 같다' 이런 말만 반복할 정도로 충격을 많이 받은 상태였다"며 "사건 경위를 들어야겠다는 생각보다 피해자를 진정시켜야겠다고 생각했다"고 말했다.

– 국민일보, 2017. 7. 26.

토의 과정 5단계	토의 실제
토의 문제 제시	
토의 의제 찾기 및 분석	
해결안 제시하기	
최선의 해결안 선택하기	
실천방안 모색하기	

(2) 평가하기

토의가 끝나면 토의에 대한 평가를 실시한다. 토의의 내용 및 진행에 관하여, 각 토의자 및 진행자에 이르기까지 토의과정에 속한 모든 내용이 평가대상이다. 현 상황은 제대로 되었으며, 원인분석은 제대로 되었는지, 가능한 해결책이 모두 제시되었는지, 실천방안의 문제점은 없는지 등 내용에 관한 것을 포함하여, 토의 참여자 중 누가 가장 나은 토의자였는지, 진행에는 문제가 없었는지, 토의의 언어적 내용 전개에는 문제가 없는지, 전체 토의가 어떤 점에서 유익하였는지, 진행자의 진행은 절차에 맞는지 등을 분석하고 평가한다.

토의 평가표1 (준비 단계 교수 평가지)

소집단명		구성원			기록자	
문제						
점수 : 5(아주 잘함), 4(잘함), 3(보통임), 2(부족함), 1(아주 부족함)						
평가 범주	평가 요소			점수		
자료 수집	자료는 문제와 관련성이 있는가			5 – 4 – 3 – 2 – 1		
	충분하게 수집하였는가			5 – 4 – 3 – 2 – 1		
	믿을 만한 자료인가			5 – 4 – 3 – 2 – 1		
준비 개요서	내용 전개가 짜임새가 있는가			5 – 4 – 3 – 2 – 1		
	의제에 맞게 자료가 활용되었는가			5 – 4 – 3 – 2 – 1		
	의제를 깊이 있게 다루고 있는가			5 – 4 – 3 – 2 – 1		
참여 태도	모든 구성원이 참여하고 있는가			5 – 4 – 3 – 2 – 1		
	역할 분담이 제대로 이루어져 있는가			5 – 4 – 3 – 2 – 1		
	다른 소집단 활동에 방해되지 않았는가			5 – 4 – 3 – 2 – 1		
총 점				( ) 점		

토의 평가표2 (실행 단계 교수 평가지)

문제				평가자	
토의자 평가 요소	( )	( )	( )	( )
표현 능력	5 – 4 – 3 – 2 – 1	5 – 4 – 3 – 2 – 1	5 – 4 – 3 – 2 – 1	5 – 4 – 3 – 2 – 1
논증 능력	5 – 4 – 3 – 2 – 1	5 – 4 – 3 – 2 – 1	5 – 4 – 3 – 2 – 1	5 – 4 – 3 – 2 – 1
분 석 력	5 – 4 – 3 – 2 – 1	5 – 4 – 3 – 2 – 1	5 – 4 – 3 – 2 – 1	5 – 4 – 3 – 2 – 1
자료 활용 능력	5 – 4 – 3 – 2 – 1	5 – 4 – 3 – 2 – 1	5 – 4 – 3 – 2 – 1	5 – 4 – 3 – 2 – 1
의사소통 기술	5 – 4 – 3 – 2 – 1	5 – 4 – 3 – 2 – 1	5 – 4 – 3 – 2 – 1	5 – 4 – 3 – 2 – 1
총점				
으뜸 토의자				
논평				

평가 요소 사회자	표현 능력	순발력	분석력	조정 능력	규칙 준수	총점
( )						
논평						
점수 : 5(아주 잘함), 4(잘함), 3(보통임), 2(부족함), 1(아주 부족함)						

토의 평가표3 (실행 단계 학생 상호 평가지)

소집단 명		구성원		평가자	
문제					

점수 : 5(아주 잘함), 4(잘함), 3(보통임), 2(부족함), 1(아주 부족함)

평가 범주	평가 요소	점수	총점
사회자	정확한 발음과 어법으로 표현하는가	5 - 4 - 3 - 2 - 1	
	균등한 발언 기회를 주며 적극적인 참여를 유도하는가	5 - 4 - 3 - 2 - 1	
	발언 내용을 잘 요약하여 전달하는가	5 - 4 - 3 - 2 - 1	
	의견을 잘 조정하여 최선의 해결안을 이끌어내는가	5 - 4 - 3 - 2 - 1	
	절차와 규칙을 잘 지키도록 유도하는가	5 - 4 - 3 - 2 - 1	
토의자	모든 토의자가 발언 기회를 고루 갖고 협력적으로 토의에 참여하는가	5 - 4 - 3 - 2 - 1	
	발언 내용은 근거를 가지고 논리적으로 조직하였는가	5 - 4 - 3 - 2 - 1	
	의제에 관한 다양한 접근을 함으로써 문제 해결에 도움을 주는가	5 - 4 - 3 - 2 - 1	
	자료는 의제와 관련되어 있으며 믿을 만한가	5 - 4 - 3 - 2 - 1	
	다른 사람의 의견을 존중하는가	5 - 4 - 3 - 2 - 1	
총 평			
이 유			

토의 평가표4 (점검 단계 자기 평가지)

학과		학번		이름		소집단명	
문제							

점수 : 5(아주 잘함), 4(잘함), 3(보통임), 2(부족함), 1(아주 부족함)

평가 범주		평가 요소	점수
준비 단계		문제와 관련된 자료를 충분히 수집하였는가	5 − 4 − 3 − 2 − 1
		개요서 작성에 적극적으로 참여하였는가	5 − 4 − 3 − 2 − 1
		구성원들과 협력적인 자세를 유지하였는가	5 − 4 − 3 − 2 − 1
		다른 구성원에게 예의를 갖추고 의견을 존중하였는가	5 − 4 − 3 − 2 − 1
		다른 소집단에 피해를 주는 행동은 하지 않았는가	5 − 4 − 3 − 2 − 1
실행 단계	토의 참여자	정확한 발음과 어법으로 표현하였는가	5 − 4 − 3 − 2 − 1
		자신의 의견이 문제 해결을 하는 데 많은 기여를 했는가	5 − 4 − 3 − 2 − 1
		토의 준비 자료를 적절히 활용하였는가	5 − 4 − 3 − 2 − 1
		절차와 규칙을 준수하며 협력적으로 참여하였는가	5 − 4 − 3 − 2 − 1
		다른 사람의 의견을 메모하면서 존중하는 마음으로 들었는가	5 − 4 − 3 − 2 − 1
	청 중	토의 준비를 하고 참여하였는가	5 − 4 − 3 − 2 − 1
		평가 기준에 따라 객관적으로 평가하였는가	5 − 4 − 3 − 2 − 1
		적극적인 듣기 태도를 유지하였는가	5 − 4 − 3 − 2 − 1
		의문 사항에 대해서 질문하며 참여하였는가	5 − 4 − 3 − 2 − 1
		예의 바른 태도로 경청하였는가	5 − 4 − 3 − 2 − 1
점수		준비 ( )점 토의자 ( )점 청중 ( )점	총점

<h2>〈토의 절차〉</h2>

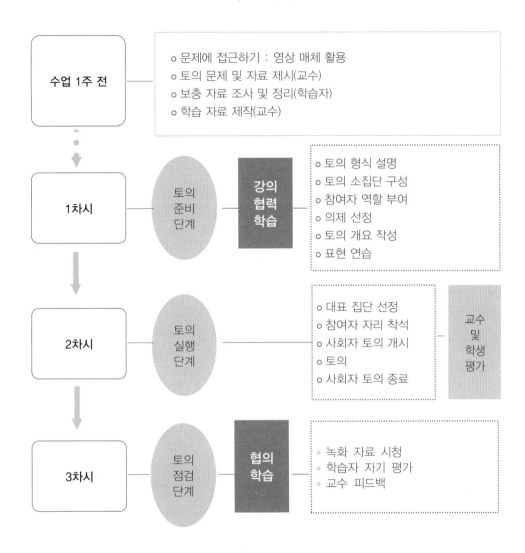

수업 1주 전
- ○ 문제에 접근하기 : 영상 매체 활용
- ○ 토의 문제 및 자료 제시(교수)
- ○ 보충 자료 조사 및 정리(학습자)
- ○ 학습 자료 제작(교수)

1차시 — 토의 준비 단계 — 강의 협력 학습
- ○ 토의 형식 설명
- ○ 토의 소집단 구성
- ○ 참여자 역할 부여
- ○ 의제 선정
- ○ 토의 개요 작성
- ○ 표현 연습

2차시 — 토의 실행 단계
- ○ 대표 집단 선정
- ○ 참여자 자리 착석
- ○ 사회자 토의 개시
- ○ 토의
- ○ 사회자 토의 종료

교수 및 학생 평가

3차시 — 토의 점검 단계 — 협의 학습
- ○ 녹화 자료 시청
- ○ 학습자 자기 평가
- ○ 교수 피드백

제4장

토론의 이론과 전략

1. 토론의 개념과 필요성

당신이 옳을 수도 있고, 내가 틀릴 수도 있다. 다만 서로 힘을 모으면 우리는 진리에 더욱 더 가까이 다가설 수 있을 것이다.

– 칼 포퍼(Karl Popper), 『열린 사회와 그 적들』중에서

그레이트 디베이터스 The Great Debaters」

2007 제작
감독 – 덴젤 워싱턴
출연 – 덴젤 워싱턴, 포레스트 휘태커, 컬럼버스 숏

한 대학교수가 만든 흑인 대학생 토론팀이 하버드대 챔피언십 우승까지 거머쥔 실화를 바탕으로 한 영화

"와일리 대학에서 360명의 학생들 중에서 오직 너희 45명만이 토론팀을 시도할 만큼 용기가 있지, 그 45명 중에 오직 4명만이 준비 모임이 끝나면 살아남을거야. 왜냐구? 토론은 '피가 튀는 경기(blood sports)'이기 때문이지. 그건 전투지만 너희들의 무기는 단어(word)들이야."

– 와일리 대학 톨슨 교수의 대사 중에서

(1) 토론이란 무엇이며 왜 필요한가?

토론은 어떤 문제나 서로 다른 의견에 대해 서로 다른 의견을 지닌 사람들이 정해진 규칙에 따라 그 문제에 대한 논거를 대며 자신의 생각이 옳음을 논리적으로 펼쳐 나가는 활동이라고 정의할 수 있다. 토론의 개념을 어원을 바탕으로 살펴보면 다음과 같이 정리할 수 있다.

토론(討論)

토론(討論)은 토(討)와 론(論)으로, 토(討)는 다시 언(言)과 촌(寸)으로 구분할 수 있는데 이는 '치다, 때리다, 공격하다' 등의 의미를 내포하고 있다. 즉 법도(寸)있는 말(言)로 옳지 못한 상대방을 친다는 데서 '치다, 토론하다'를 뜻하는 한자어이다.

론(論)은 언(言)과 륜(倫)으로 나눌 수 있다. 侖(륜·론)은 책을 모아 읽고 생각하여 정리하는 일을 의미하며, 여러 사람과 의견을 교환하며 정리하여 말한다[言]는 뜻이 합하여 '논의하다'를 뜻한다. 즉 상대방과 조리를 세워서 의논하는 일을 말한다.

디베이트(debate)

디베이트(debate)라는 단어는 라틴어 동사 'debattuere'에 기원을 두며 'debattuere'는 'de'와 dattuere'라는 의미소로 나눌 수 있다. 접두사 'de'는 'away(분리하다)', 혹은 'down(제거하다)'의 의미이며 어간인 'battuere'는 이후 영어의 'battle(전쟁)'이라는 의 미로 발전되었다. 결국 디베이트(debate)라는 말은 '나누어 다투다'라는 의미로, 전쟁에 비유한 표현 과정에서 출발하여 언어로서 개념화 되었다고 볼 수 있다.

이처럼 토론은 동서양의 어원 모두에서 '다투다' 혹은 '싸우다' 등의 의미를 포함하고 있다. 하지만 진정한 의미의 토론은 싸움만 존재하고 있는 것이 아님을 명심해야 한다. 엄격한 질서와 규칙 하에서 서로 공정한 게임을 통해 승부를 겨루고 그 승부의 끝은 결국 과거보다 진일보한 발전된 대안의 발견이어야 한다는 점을 분명히 인식해야 한다.

급변하는 정보화 시대에 살고 있는 우리로서는 정보를 찾고, 조직하며, 그것을 자신의 것으로 만드는 능력을 배양하는 것이 절실하다. 다양한 인간관계와 얽히고설킨 이해관계에서 오는 갈등을 조화롭게 해결하여 원만한 인간관계를 만들어 갈 줄 아는 민주 시민으로서의 자질을 갖게 해주는 토론이야말로 우리 교육이 추구해야 할 가장 중요한 목표 중 하나이다.

우리가 사는 세상은 해결해야 할 끊임없는 문제를 안고 있고, 그 문제를 어떻게 처리하느냐에 따라 개인이나 사회의 행복과 불행이 결정되기도 한다. 물리적 힘을 통해 갈등을 해결하려 한다면 오히려 더 큰 갈등과 불안을 불러오기도 한다. 따라서 토론은 투쟁이 아닌 설득과 타협을 통한 문제 해결 방법이며, 타인과 다양한 사고와 경험을 공유하는 과정이어야 한다. 이러한 창의적 융합 활동으로서의 토론은 아무리 발달한 인공지능이라도 결코 대체가 불가능한 인간 고유의 영역이다.

토론은 서로를 깊이 있게 알게 하며, 서로의 문제를 공동으로 해결할 수 있는 장을 마련해 준다. 이런 토론의 장은 보다 합리적인 최선의 해결책을 찾게 해 주며, 서로를 자극해 더 나은 최고선을 찾도록 해 준다. 그래서 토론은 민주적인 갈등 해결의 가장 근본적인 원리를 포함하는 민주주의의 꽃이다.

또한 토론은 순발력 있게 문제를 파고들면서 자신의 생각을 발표해야 하는 까닭에 분석력, 비판력, 논리력 등을 기를 수 있다. 이런 활동은 단편적인 지식을 습득하고, 피상적인 사고를 하는 것이 아니라 사물의 원리를 통찰하게 함으로써 보다 깊이 있고, 통합적인 사고를 하게 하는 능력을 길러 준다. 토론을 하기 전에는 막연히 알았던 것이 토론을 준비하고, 대화를 나누게 되면서 문제의 근본적인 해결책을 생각하게 되는 것이다.

특히 대학에서의 토론은 진리탐구와 전공학문의 폭넓은 이해를 가능하게 한다. 학문 탐구의 전당으로서 대학의 역할을 충분히 수행하기 위해서는 개인의 노력과 함께 집단 지성의 힘이 발휘될 필요가 있다. 고정된 하나의 관점을 수용하는 수동적 학습 태도를 넘어 보다 다양한 학문적 접근과 시각도 존재할 수 있다는 사실을 확인하는 확장된 사고의 경험은 열린 사고를 지향하는 대학에서 반드시 필요한 학문의 태도이다. 더욱이 최근 들어 우리 사회에서 강조하고 있는 융합과 복합을 통한 학제 간 연계에 있어서도 토론은 다른 어떤 방법보다 효율적이라 할 수 있다.

이러한 필요성에도 불구하고 아직까지 우리 사회에 바람직한 토론 문화가 뿌리내리지 못한 것은 안타까운 일이다. 무엇보다 각종 매체를 통해 소위 사회 지도층에 해당하는 지식인과 정치인들의 토론이 대다수의 국민들에게 토론이 소모적인 다툼이나 비생산적인 시간 낭비라는 정서적 거부감을 주고 있는 것은 더욱 큰 문제이다. 이러한 사회적 분위기가 조성된 데에는 여러 가지 이유가 있겠지만 대다수의 국민들이 과도한 입시경쟁 구도의 영향으로 학교 교육과정에서 발표와 토론의 경험이 부족했던 것이 근본적인 원인 중 하나라고 할 수 있다. 암기 위주의 주입식 교육과 문제풀이가 중심이 되는 성과 위주의 수업 분위기 속에서 토론에 대한 학습과 활동이 제대로 자리 잡기란 거의 불가능하다. 여기에 더해 예의와 겸손을 중요시 하는 뿌리 깊은 유교문화의 전통이 서열 중심의 공동체 운영 방식으로 이어져 직급과 나이, 성별을 뛰어 넘는 합리적 의사결정의 장애물로 작용하기도 한다. 한국 사회가 추구해온 성장 위주의 경제 정책 또한 토론 문화를 빠른 결정과 실행을 방해하는 걸림돌로 인식해 온 것 또한 사실이다.

하지만 대학은 이 모든 제약으로부터 자유로워야 한다. 다양한 의견들이 용인되고 서로 충돌하고 합의하는 과정을 통해 보다 역동적이고 생산적인 결과물을 도출해야 한다. 이를 위해서는 대학 구성원(특히, 대학생)들의 열린 사고와 접근이 필요하다. 그래야 대학이 한국 사회의 발전적 변화를 이끄는 견인차로서 급변하는 미래사회의 대안을 창출하는 대학 고유의 역할을 해낼 수 있을 것이다.

(2) 토론은 어떤 교육적 효과가 있을까?

겉으로 드러나는 모습을 볼 대 한국 사회는 이미 다양한 분야에서 토론문화가 정착한 듯 보인다. 대통령이나 국회의원, 지자체의 단체장 등 민의를 대변하는 지도자를 선출하는 과정에서 후보자 간 토론이 수차례에 걸쳐 이루어지고, 이해가 상충되는 사회 각 분야의 문제들에 대한 전문가 집단의 토론이 생중계 된 지도 이미 오래이다. 최근에는 젊은 대학생들을 대상으로 경쟁적 방식을 도입한 토론프로그램도 방송되면서 많은 관심을 끌었다.

하지만 이러한 일련의 변화가 유권자나 시청자들과 진정한 소통과 공감을 이룬다고 보기에는 한계가 있다. 자칫 말솜씨가 뛰어난 몇몇 개인이나 해당 분야 전문가들의 말잔치에 머물 가능성도 농후하다. 무엇보다 토론의 과정이 보다 발전적이고 생산적인 합의를 도출하거나 합리적인 갈등 해결의 모습을 보여주지 못하는 것이 가장 큰 문제이다. 보는 이들의 눈높이와 기대 심리는 높아졌지만 토론의 수준과 방식이 아직 제자리걸음을 면하지 못하고 있는 현실의 문제를 개선하기 위해 가장 중요한 것은 교육을 통한 토론문화의 정착을 유도하는 일이다.

토론이 지니고 있는 교육적 효과는 다음과 같이 정리할 수 있다.

첫째, 토론을 통해 비판적 사고능력은 물론 논리적 분석능력, 이해력, 창의력, 문제해결능력 등과 같은 종합적인 사고력이 향상된다. 이러한 종합적인 사고능력은 혼자서 지식을 학습하는 방식으로는 효과적으로 획득할 수 없으며, 다양한 생각들이 자유롭게 펼쳐지고 그것을 비교하고 분석하며 선택하는 과정을 통해 지속적으로 향상될 수 있는 것이다.

둘째, 의사소통 능력을 길러준다. 토론은 일방적으로 자신의 의견을 발표하는 것이 아니라 나와 의견이 다른 상대방과 합리적인 논쟁을 하는 것이다. 학생들은 토론을 통하여 자신의 의견을 조리 있게 압축하여 말하는 능력을 키우게 되며, 또한 내가 상대방의 의견을 존중할 때, 상대방 역시 나의 의견을 존중하게 된다는 것을 깨닫고 상대방의 의견을 정확하게 듣고 우호적으로 이해하는 능력을 기르게 된다. 이 때 합리적인 의사소통의 장이 마련되며, 다양성을 인정하는 열린 사고로 나아가게 된다.

셋째, 적극적인 참여의식을 길러준다. 지금까지 일반적으로 진행되어 왔던 강의 중심의 수업에서 학생들은 수동적인 태도로 지식을 받아들이기만 하는 수용자일 수밖에 없으며, 실제적으로 학습에 참여하는 시간은 많지 않다. 학습 시간이란 단순히 수업을 진행하는 시간 전체가 아니라 수업 중에 높은 집중도를 가지고 학습에 몰입하는 시간을 말한다. 토론이란 텍스트에 소개되어 있는 객관적 지식이 아니라 자신의 생각과 주장을 펼쳐내는 것이기 때문에 학생들은 높은 집중도를 가지고 적극적으로 참여하게 되며, 정확한 근거를 찾아내려고 노력하는 과정에서 자발적인 학습 동기를 얻게 된다. 이런 점에서 토론 수업은 학생들을 학습에 적극적으로 참여하도록 하는 가장 좋은 방법이 된다.

넷째, 다양한 지식을 융합하는 능력이 향상된다. 토론에서 주장을 전개할 때는 개인적인 믿음이나 감정이 아니라 객관적인 자료나 정보에 입각하는 것이 중요하다. 논제에 대한 찬성이나 반대의 입장을 정당화하기 위해 다양한 자료와 지식을 습득하고 분석하게 되는데, 예를 들어 특정 논제에 대해 철학사상 · 정치경제 · 사회문화 · 과학기술 등 다방면의 관점에서 검토하게 된다. 이 과정에서 학생들은 자신의 전공뿐만 아니라 다른 영역의 지식까지 융합해서 사고하는 능력을 키울 수 있게 된다.

다섯째, 민주시민으로서의 기본 자질을 키워준다. 민주주의 사회란 사회 구성원들 간에 영향을 미칠 수 있는 모든 사항들에 대해서는 독단적 결정이 아니라 상호 합의에 의한 결정을 하도록 규정된 사회이다. 이 과정을 위해 반드시 필요한 것이 토론이다. 토론은 합리적인 절차와 형식에 따라 진행되는 민주적 의사결정 과정이며, 따라서 효과적인 토론 교육을 받은 학생이 나아가 민주시민으로서 의사결정에 적극적으로 참여할 수 있게 된다. 또한 토론의 논제들은 대부분 현 사회가 직면한 현안으로 이루어지게 되므로 이런 논제에 대해 심도 있는 학습을 함으로써 사회에 대한 이해와 관심을 넓히고, 현명한 공동체적 삶을 영위할 수 있게 된다.

대학에서의 토론이 갖는 기능

1) 전공교육을 받기 위한 기초교육, 학제간 교육의 기초, 교양인-세계인으로서의 자질 함양에 필수적으로 요청되는 주제-과제에 접함으로써 넓고 종합적인 사고능력을 기르고, 다문화 이해 능력을 신장시키며, 올바른 가치판단능력을 습득케 할 수 있다.

2) 토론은 학제 간(interdisciplinary) 학습 기회를 제공해 줌으로써 종합적 사고 능력을 배양해 주며, 통합 교육을 실현시킨다.

3) 토론을 통해 다양한 학문적 관점과 해석방법이 있다는 것을 배울 수 있다.

4) 토론 참여자들이 민주사회의 성원으로서 갖추어야 할, 즉 합의된 절차를 존중하는 기본 소양을 배양할 수 있다.

5) 의사소통능력을 증대시킴으로써 21세기형 리더십을 키울 수 있다.

6) 듣기 능력을 배양하여 상대방의 논점을 분석하는 능력을 기를 수 있다.

7) 역지사지(易地思之)의 원리를 체득할 수 있는 기회를 제공한다.

8) 토론은 말하기 능력 뿐만 아니라 글쓰기 능력도 배양해 준다.

9) 효과적인 스피치 능력 및 전달 능력을 제고시켜 준다.

10) 취업 기회의 확대 및 진로지도를 겸할 수 있다.

(김복순, 2003:, 2006:, 2007)

'화이부동(和而不同)', '구동존이(求同存異)'

1955년 4월 18일 인도네시아 반둥에서 '아시아·아프리카 회의'가 열렸다. 아시아와 아프리카 지역 신생 독립국의 정치 세력화를 위한 자리였다. 저우언라이(周恩來) 당시 중국 외교부장이 회의에 참석해 연설을 했다. 그중에 이런 말이 나온다. "우리 같은 점을 찾을 뿐 다른 점은 강조하지 맙시다. 공통점을 먼저 찾아 합의하고, 이견이 있는 부분은 남겨둡시다(求同存異). 그러면 역사와 민족이 다르더라도 서로 화합하고 발전할 수 있을 것입니다." '구동존이'라는 말이 등장하게 된 계기다.

저우언라이는 이 말로 29개 참가국 대표들의 마음을 움직였고, 회의는 중국의 의도대로 흘렀다. 이후 구동존이는 중국 외교의 대표적인 협상 전략으로 자리 잡았다. 외교뿐만 아니라 중국 기업과의 비즈니스 협상 테이블에서도 자주 등장한다. '우선 가능한 품목부터 선적하고, 추후 대상 품목을 넓히자'라는 식이다. 유연성과 실용성이 돋보인다. 중국과의 교류가 늘면서 우리나라에서도 구동존이라는 말이 폭넓게 쓰인다.

중국 고대 사전에는 '求同存異'라는 말이 나오지 않는다. 다만 중국 어문학자들은 구동존이가 공자의 '화이부동(和而不同)'과 맥을 같이한다고 분석한다. '논어 · 자로(論語 · 子路)'편에 나오는 '군자, 화이부동(君子, 和而不同)'의 뜻은 **서로 화합하고 어울리지만 동화되지 않고, 서로 다르지만 화합할 수 있는 게 바로 군자의 덕목**'이라는 뜻. 화합하되 천편일률(千篇一律)적이지 않고, 서로 달라도 충돌하지 않는 경지다. '**이견을 인정하면서도 큰 틀의 화합을 꾀한다**'는 점에서 구동존이와 화이부동은 서로 통한다.

[한자로 보는 세상] 求同存異, 중앙일보(2010. 6. 2.) 중에서

2. 토론의 종류와 유형별 특징

(1) 토론의 유형

매 선거마다 TV를 통해 생중계되는 대통령 후보자 토론의 방식은 조금씩 진화된 형태를 보여 왔고, 때로는 중계를 맡은 방송사마다 다른 방식을 적용하기도 한다. 이는 논제의 유형이나 토론자들의 특성, 토론을 통해 궁극적으로 도출하고자 하는 목표 등에 따라 토론의 유형은 얼마든지 변형 · 생산될 수 있음을 보여준다. 하지만 어떤 방식의 토론이라도 기존 방식의 새로운 변용이라는 점을 고려한다면 역사적으로 용인되고 인정받았던 다양한 토론의 유형을 살펴보는 것도 필요하다.

이에 앞서 토론에서 사용하는 주요 용어의 의미를 정리하면 다음과 같다.

▮ 용어의 정의

토론(수업)에서 사용되는 핵심 용어의 기본 개념은 다음과 같다. 각 개념에 해당하는 주요 사항들은 이 용어가 해당되는 장에서 자세히 살피기로 한다.

▲ **논제(resolution, 論題)**

토론의 의도와 목적, 즉 주제가 드러나도록 토론거리를 잘 다듬은 것을 '논제'라고 한다. 논제는 토론에서 해결해야 할 문제나 대상이다. 토론에서 다루어야 할 가장 핵심적인 쟁점이 잘 드러

나도록 선명하게 한 문장으로 만든다. 이러한 문장은 '명제'의 형식으로 기술되어야 한다. 명제는 'A는 B이다', 'A는 B해야 한다.'와 같이 주어와 술어가 갖추어져 있고, 그 안에 판단이 담겨 있는 문장이다. 토론자들은 이 판단에 대해 반드시 '예' 또는 '아니오'로 답을 해야 한다.

▲ 입론(立論)

입론은 논제에 대해 자기 팀의 입장을 담은 논점(주장)을 펼치는 과정이다. 즉, 정해진 논제에 대해 자기의 생각을 말하는 것이다. 따라서 자기 팀의 입장과 주장이 충분히 담겨야 한다. 입론을 토대로 토론이 본격적으로 진행되는 것이기에 입론을 세우는 과정은 토론의 준비과정에서 매우 중요한 의미를 지닌다. 그래서 일반적으로 입론은 토론의 전반부에 이루어지며 이후에 진행되는 반론이나 교차질문의 과정 역시 입론에 근거하여 그 범위를 벗어나지 않는 선에서 행해진다.

▲ 논점(論點)

논제 안에는 찬성과 대립의 축이 담겨 있다. 찬성과 반대 각자의 입장을 잘 드러내기 위해서는 어떤 점에서 대결해야 하는지를 찾고, 대결하는 각 입장에서 쟁점을 찾아야 한다. 그러니 찬성 측에서는 '예'라고 동의하는 입장을 지지해주는 몇 개의 주장. 반대 측은 '아니오'라고 부정하는 반대의 입장을 받쳐주는 주장을 찾아야 한다. 이 주장들은 논점이라고 한다. 논점은 바로 찬성 팀이나 반대 팀이 주장하는 쟁점을 문장으로 진술한 것이다. 따라서 논점은 쓰기의 주제문과 같은 구실을 한다. 자기 팀의 핵심 주장을 맏쳐주는 세부 주장에 해당한다.

▲ 논점 분석

논점 분석은 토론 준비에서 가장 핵심적인 몸통의 역할을 한다. 논점 분석을 글쓰기에 비유하자면 글의 내용을 어떻게 정할지 궁리하는 단계에 해당한다. 글을 쓸 때 여러 각도에서 글감에 대해 고민하고 그것을 바탕으로 하여 글에 담을 자신의 생각과 주장을 정리하듯이, 논점 분석에서도 여러 각도에서 가능한 주장을 찾아내어 자신의 입장을 어떻게 세울지에 대해 궁리한다. 논점 분석을 제대로 하려면 자료 조사를 통해 어느 정도 배경 지식을 갖고 있어야 한다.

▲ 논거(basis of an argument, 論據)

논거란 어떤 이론이나 논리, 논설 따위의 근거를 일컫는 말로 논거를 제시할 때에는 그 출처를 명확히 밝혀야 한다. 어떤 전문가의 말을 인용한 것인지, 어떤 책이나 논문에서 참고한 것인지 등의 출처를 밝혀야 신뢰성 있는 토론이 된다. 또한 여론조사의 결과를 제시할 때에는 공신력 있는 기관의 여론조사여야 한다. 조작이 비교적 쉬운 인터넷 포털 사이트나 각 당에서 실시한 여론 조사는 믿을 만한 자료가 되지 못한다는 점을 알아두어야 한다.

토의	토론	논쟁
▪ 의견 교환을 통한 최선의 방안을 모색한다. ▪ 상호 협력적이다. ▪ 의견 교환의 과정이다. ▪ 대체적인 형식이 있다.	▪ 자기주장을 설득한다. ▪ 상호 대립적이다. ▪ 주장/반박과 질의/응답의 과정으로 구성되어 있다. ▪ 교육 토론에서는 규칙이 엄격하지만 자유 토론에서는 덜 엄격한다.	▪ 자기주장만 내세우고, 상대방을 격렬하게 비판한다. ▪ 상호 대립적이다. ▪ 주장과 반박의 과정으로 구성되어 있다. ▪ 규칙이 없다.

토론은 그 형식에 따라 크게 자유토론과 교육토론으로 구분하는데 이 두 토론의 특징을 간단하게 정리하면 다음과 같다.

	자유토론	교육토론
토론자 의 입장	▪ 반드시 찬반의 입장이 아니어도 좋다. ▪ 입장이 다양할 수 있다. ▪ 중간에 입장이 바뀌어도 상관없다.	▪ 찬반의 입장이 대립한다. ▪ 중간에 찬반의 입장이 바뀌면 안 된다. ▪ 승패가 분명하게 판명된다.
논제	▪ 의문형 논제 예: 출산율 저하, 이대로 좋은가? ▪ 체벌, 애정인가 폭력인가?	▪ 명제형 논제 ▪ 출산율 저하, 국가의 책임이다. ▪ 체벌, 교육의 수단이다.
사회자	▪ 사회자가 있다.	▪ 사회자가 없는 것이 원칙이다.
형식	▪ 규칙과 형식이 엄격하지 않다.	▪ 규칙과 형식이 엄격하다. ▪ 지키지 않을 경우 감점된다.
승패	▪ 승패를 분명하게 가르지 않는다.	▪ 승패를 분명하게 가른다.

우리에게 익숙한 TV토론 프로그램에서 선택하는 방식은 찬성과 반대의 진영으로 나뉘어져 진행되지만 위의 구분에 따르면 대부분 자유토론의 형식을 취하고 있다.

토론의 유형을 좀 더 세부적으로 나누자면 전통적인 토론의 방식으로 전해오는 다음의 토론 유형이 있다.

1) 아카데미 토론 모형

아카데미 토론 모형은 모든 토론 형식에 공통적인 '입론 → 교차조사와 반박 → 최정입장정리 → 판정'의 절차를 가장 기본적으로 행하는 토론형태이다. 토론 수업의 초기 단계에서 무난하게 활용할 수 있는 방법으로 가치토론 및 정책토론이 모두 가능하며 현상화을 규명하고 문제를 해결하는 가장 무난한 토론 형식이다.

　이 모형의 가장 큰 특징은 특정역할 및 순번을 정하지 않는다는 점이다. 다른 토론 모형의 경우 토론자의 순번 및 역할이 정해져 있어 해당 역할을 맡은 사람이 실수하면 다른 사람이 대체할 수 없다. 하지만 기본 모형에서는 정해진 역할이 없기 때문에 입론, 교차조사, 최종변론 모두 동일인이 해도 무방하다. 물론 다양하게 참여하는 것이 바람직하지만 특정인의 역할이 중복되어도 감점되지 않는다.

구성	총소요시간(45분)	내용성격	특징
진행자의 논제 설명	3분	논제설명	특정 역할 및 순번을 정하지 않음. 동일인의 중복발언도 가능 토론 수업 초기 단계에 적합
긍정측의 입론	4분	기조주장	
부정측의 교차조사 및 반박 (+청중의 교차조사 및 반박)	각 8분 (각 5분)	자신의 논리적 정당성 입증 및 상대방의 논리적 부당성 입증	
부정측의 입론	4분	기조주장	
긍정측의 교차조사 및 반박 (+청중의 교차조사 및 반박)		자신의 논리적 정당성 입증 및 상대방의 논리적 부당성 입증	
부정측의 최종 입장 정리 긍정측의 최종 입장 정리	각 3분	자신의 논리적 정당성 호소	
진행자의 논제 정리, 판정	2분		교수자 진행
(청중과의 질의 응답)	(10분)		
교수자의 총 정리			
작전타임	팀당 총 10분씩		

2) 의회식 토론(Parliamentary debate)

　1820년대에 생긴 옥스퍼드와 케임브리지의 학생회가 행하던 토론 형식에 기초를 둔 것으로, 영국 의회의 특징을 어느 정도 반영하고 있다. 보통 한 쪽 팀에 두 사람이 참여하며, 수상(prime minister)과 각료(member of government)가 찬성측이 되고, 야당 당수(leader of opposition)와 의원(member of opposition)이 반대측을 구성하여 이루어진다. 그러나 세 명의 토론자가 참여하여 각각 한 번씩의 발언 기회를 갖는 형식도 가능하다.

	총 40분
수상의 입론	7
야당 당수의 입론	8
여당 의원의 입론	8
야당 의원의 입론	8
야당 당수의 반론	4
수상의 반론	5

3) 반대 심문식(Cross Examination Debate Association, CEDA) 토론

정책 토론의 가장 보편적인 형태인 CEDA(Cross Examination Debate Association) 방식은 1947년 이래로 해오던 미국의 전국토론대회(National Debate Tournament)의 방식에 토론자들 간의 교차질문을 가미하여 토론자들 간의 직접적인 의사소통을 강조하는 토론 형식으로 발전된 것이다.

논제를 긍정하거나 부정하는 각 팀은 2인으로 구성되며, 토론자 각 개인은 입론, 교차 조사, 반박의 세 번의 기회를 갖는다. 각 팀은 토론 중 숙의시간을 활용할 수 있다. 발언의 성격과 순서는 다음과 같다.

순 서	총 60분	총 72분	내용성격	특징
찬성측 첫 번째 토론자의 입론	8	10(혹은9)	입론, 교차조사, 반박 모두 4회씩. 입론이 각 팀당 2회씩 주어짐. 반박 후 교차조사 없음.	특정역할 및 순번이 정해져 있음. 토론 수업 중간 단계 이후에 적합함.
반대측 두 번째 토론자의 교차 조사	3	3		
반대측 첫 번째 토론자의 입론	8	10(혹은9)		
찬성측 첫 번째 토론자의 교차 조사	3	3		
찬성측 두 번째 토론자의 입론	8	10(혹은9)		
반대측 첫 번째 토론자의 교차 조사	3	3		
반대측 두 번째 토론자의 입론	8	10(혹은9)		
찬성측 두 번째 토론자의 교차 조사	3	3		
반대측 첫 번째 토론자의 반론	4	5(혹은6)		
찬성측 첫 번째 토론자의 반론	4	5(혹은6)		
반대측 두 번째 토론자의 반론	4	5(혹은6)		
찬성측 두 번째 토론자의 반론	4	5(혹은6)		
준비시간	각 팀당 10분씩			

4) 칼 포퍼 토론

칼 포퍼의 사상을 열린사회 연구소(The Open Society Institute)와 소로스 재단 네트워크(Soros Foundation Network)가 1994년 공동작업을 통해 형식화시킨 토론이다. 주로 고등학생들에게 비판적 사고, 자기 표현, 그리고 다른 의견에 대한 관용(tolerance)의 자세를 길러주기 위해 만들어진 것이다. 찬반 각기 3인 1조로 구성되는 토론은 입론과 질의를 반복하고 그 후에 반론하는 반대신문식 토론과 달리 입론에서 찬반 모두 자신의 주장을 제시하고 확인 질문을 거쳐 그 제시된 주장을 반박하는 과정으로 이루어진다. 첫째, 3명의 팀 구성원의 역할이 각기 다르므로 팀 내의 의사소통과 상대방의 의견을 경청하려는 자세가 중요하며 둘째, 철저히 반론하려는 태도가 많은 것을 주장하는 것보다 훨씬 중요하다는 사실을 주지시켜야 한다. 이때 확인질문은 반론을 하기 위한 예비단계임을 주지하고, 이를 잘 활용할 수 있도록 해야 한다. 소크라테스 이래 진리탐구의 방법으로 널리 알려지게 된 변증론적 과정을 현실화하여 구체적으로 보여주는 방식이다.

	총 44분	내용성격	특징
찬성측 첫 번째 토론자 입론	6	각 팀당 입론 1회, 교차조사 2회, 반박 2회씩. 입론에 비해 반박이 강한 구조. 마지막 반론을 제외하고, 매 발언 후 교차조사가 있다.	특정 역할 및 순번이 정해져 있음. 토론 수업 중기 단계 이후에 적합. 각 팀의 2번 토론자는 1회씩만 발언
반대측 세 번째 토론자 질문, 찬성측 첫 번째 토론자 응답	3		
반대측 첫 번째 토론자 입론	6		
찬성측 세 번째 토론자 질문, 반대측 첫 번째 토론자 응답	3		
찬성측 두 번째 토론자 반론	5		
반대측 첫 번째 토론자 질문, 찬성측 두 번째 토론자 응답	3		
반대측 두 번째 토론자 반론	5		
찬성측 첫 번째 토론자 질문, 반대측 두 번째 토론자 응답	3		
찬성측 세 번째 토론자 반론	5		
반대측 세 번째 토론자 반론	5		
준비시간	각 팀당 8분		

5) 링컨–더글라스 토론

1858년 일리노이주의 상원의원 선거 캠페인 중 에이브러햄 링컨과 더글러스 사이에 있었던 노예제도에 관한 토론에 기원을 둔 것으로 양쪽에 각각 한 사람이 토론에 참가하는 방식이다.

링컨–더글라스 토론 형식은 가치 토론의 가장 대표적인 형식이며 필수 쟁점으로 가치 평가의 대상 규정, 토론을 위한 주요 평가 개념 정의, 평가 항목과 기준 설정, 가치 구조의 설정과 정당화를 들고 있다.

정책 토론과 마찬가지로 증명의 부담은 긍정측이 가지며 부정측은 긍정측이 제시한 가치 평가 대상과 평가항목/기준의 관련성을 부인하면서 새로운 가치를 대안으로 제시해야 한다. 그들 중 하나라도 효과적으로 이루어지지 않으면 부정측은 '대응의 부담'을 수행하지 못하게 된다.

	총 32분
긍정측 입론	6
부정측의 교차조사	3
부정측의 입론	7
긍정측의 교차조사	3
긍정측의 반박	4
부정측의 반박	6
긍정측의 반박	3

6) 통합 토론 방식

	총 45분
긍정측 발제	4
부정측 발제	4
긍정측 반론	2
부정측 반론	2
긍정측 재발제	2
부정측 재발제	2
긍정측 재반론	2
부정측 재반론	2
찬성측 교차조사	7
부정측 교차조사	7
팀별 협의	3
부정측 종결	4
찬성측 종결	4

▪ 발제 : 선택된 입장에 따라서 찬성 혹은 반대입장의 논리를 4분 이내에 지명발언을 한다. 발제는 토론의 도입부로서 전체 토론의 기본 방향을 제시하게 된다. 발제의 주요 내용으로는 (1) 우선, 문제인식을 들 수 있다. 논제에 대한 정확한 인식이 요구되며, 이를 적절한 용어로 정의할 수 있어야 한다. (2) 다음으로 입장제시가 필요하다. 논제의 배경, 의의, 쟁점들과 관련하여 자신의 찬반 입장을 분명하게 제시해야 한다. (3) 또한 논거 제시가 요구된다. 논리의 근거가 되는 신뢰성 있는 이론 혹은 객관적인 자료의 제공이 요구된다.

▪ 반론 : 상대편 발제에 대한 반박 논리를 2분 이내에 지명발언을 한다. 반론에서는 상대편의 발제 논리에 대한 반박논리를 제시하게 된다. (1) 우선, 상대편 논리의 문제점, 오류, 허점 등을 찾아내고, (2) 이를 쟁점으로 부각시키는 것이 요구된다. 특히, 핵심적인 쟁점을 중심으로 상대편의 논리를 반박하는 것이 중요하다.

▪ 재발제 : 상대편 반박 논리에 대하여 재발제 논리를 2분 이내에 지명발언을 한다. 재발제에서는 상대편의 반론에 대한 대응논리를 제시하게 된다. (1) 우선, 상대편이 지적한 논점에 대하여 반박논리를 제시하며, (2) 다음으로 앞서 발표한 발제 논리에 대한 보충, 수정, 강조 등을 포함하는 재발제 발언을 한다. 특히, 논리의 일관성을 유지하는 것이 중요하다.

▪ 재반론 : 상대편 재발제에 대하여 재반론을 2분 이내에 지명발언을 한다. 재반론에서는 상대편의 재발제 논리에 대한 재반박 논리를 제시하게 된다. (1) 우선, 상대편 재발제 논리의 문제점, 오류, 허점 등을 찾아내고, (2) 이를 쟁점으로 다시 한번 부각시키는 것이 요구된다. 특히, 상대편의 핵심논점을 재반박하는 것이 중요하다.

▪ 교차토론 : 상대편의 발제, 반론, 재발제, 재반론에 대하여 질문 혹은 반론 형식으로 자유발언을 한다. 먼저, 찬성팀이 7분 동안 주도권을 가지며(상대편 발언시간 포함), 상대편에 질문 혹은 반론의 형식으로 자유발언을 한다. 다음, 반대팀이 7분 동안 주도권을 가지며(상대편 발언시간 포함), 상대편에 질문 혹은 반론의 형식으로 자유발언을 한다. 교차토론에서는 핵심쟁점에 대한 논쟁이 이루어진다. (1) 주도권을 가진 팀(공격팀)에서는 상대편(방어팀)의 논점에 대한 집중적인 반론을 통해 자신의 논리의 우위성을 보여주는 것이 중요하다. (2) 반면에 방어팀에서는 상대편(공격팀)의 반론에 대하여 순발력있게 그리고 논리적으로 대응 할 수 있어야 한다.

▪ 팀별논의 : 각각 팀의 입장을 정리하기 위하여 종결 전에 팀별 논의시간을 3분 갖는다.

▪ 종결 : 각각 팀의 입장을 발제 논리, 조정, 결론을 포함하여 4분 이내에 지명발언을 한다. 종결은 토론의 마무리로서 자신의 논리를 정리하고 결론을 제시한다. (1) 우선, 자신의 입장을 재확인하는 것이 요구되며, (2) 토론과정에서 나타난 논점에 대한 비교 분석을 토대로 하여 자신의 논리에 대한 조정이 요구된다. 조정에서는 논리의 수정, 유지, 강화 등이 포함된다. (3) 끝으로 자신의 논리를 마무리한다. 특히, 자신의 논리를 명확하게 전달하는 것이 중요하다.

3. 토론의 진행 과정

(1) 토론의 진행 과정

토론은 그 종류에 다양한 절차가 존재하지만 일반적으로 반드시 포함되는 진행 과정을 도식화하면 다음과 같다.

준비단계	① 토론 형식 익히기 ② 논제의 선정 ③ 토론 조 구성하기 ④ 논점 분석 ⑤ 토론 준비하기 (자료 조사, 토론개요서 작성 등)
실행단계	① 입론 ② 교차 질문 (상호질문) ③ 반론 ④ 최종 발언
마무리단계	① 청중 질문 ② 교수자와 청중의 최종 판결 ③ 토론 총평

1) 준비단계

① 토론 형식 익히기

토론을 준비할 때에는 주제나 내용 못지않게 형식면에서 어떤 규칙과 순서로 진행되는지 제대로 알아야 토론을 잘할 수 있다. 아무리 멋진 주장과 많은 자료를 준비했다고 하더라도 규칙과 순서를 제대로 익히지 않아 발언 시간을 초과한다거나, 자신의 순서가 아닌데 불쑥 나서서 말을 한다거나, 질문할 시간에 반론을 펼친다면 좋은 토론을 할 수가 없다. 토론의 형식은 대개 한 팀의 구성원이 몇 명인지, 구성원들 사이에 역할을 어떻게 분담하는지, 어떤 순서로 몇 분 정도 발언하는지, 발언할 내용이 무엇인지 등에 관한 정보를 담고 있는 일종의 경기 규칙과 같다. 토론 수업 전 미리 공지하여 토론에 임하는 학생들이 모두 숙지할 수 있도록 해야 한다.

② 논제의 선정

일반적으로 논제는 다루는 내용에 따라 사실, 가치, 정책 논제로 구분될 수 있다.

사실논제 (사실판단)

참이냐 거짓이냐로 양립 가능한 논제로 '이러한 것, 이러한 사건이 실제로 있을 수 있다'로 추정되는 사실과 관련된 판단을 내려야 한다. 검사와 변호사의 법정공방이 대표적인 예이다. 사실논제에서 가장 중요하게 다루어야 할 점은 사실임을 증명해 줄 수 있는 근거이다. 어떤 사건이 실제로 일어났다는 사실을 뒷받침하는 근거만 확실하면 토론에서 무조건 이긴다. 예를 들어 '술은 인체에 해롭다'라는 논제를 가지고 토론을 벌인다고 하면, 술의 성분을 과학적으로 실험한 자료를 가지고 인체에 해롭다는 사실을 입증하면 토론은 싱겁게 끝난다. 이런 이유로 사실논제는 토론에서 잘 다루지 않는다.

다만 범죄의 성립 여부를 가리는 법정 토론이나 역사적 사실 혹은 미래에 일어날 사건 등 사실논제로 토론을 진행할 수 있는 사안들도 있다. 하지만 이러한 논제들도 전문성이 요구되기에 학생들이 토론하기에는 여러 가지 무리가 따르기에 교육토론에서는 그다지 선호하지 않는다.

가치논제 (가치판단)

무엇이 좋고 나쁜지 혹은 무엇이 옳고 그른지에 대한 가치판단을 대립의 축으로 삼는다. '선의의 거짓말을 인정할 것인가.'라는 논제에서 선한 목적을 실현하기 위해서는 방법까지도 정당해야 할지, 선한 목적을 실현한다는 결과만 같다면 어떤 방법을 선택해도 좋을지에 대한 토론은 과정의 정답함과 결과의 유용함 중 어떤 것을 더 가치 있다고 볼 지에 대한 것을 판단을 필요로 한다. 가치 명제는 어떤 가치를 더 우선적인 것으로 볼 것인가에 대한 논쟁으로, '좋으냐 나쁘냐', '바람직하냐 바람직하지 못하냐', '가치가 있는 것인가 없는 것인가'를 가리고자 하는 명제이다. 논리의 일관성과 타당성에 대한 입증이 필요하지만, 결국에는 선택한 가치를 정당화하는 논쟁으로 이루어진다. 논쟁의 궁극적 결론이 '가치'의 우열을 가리는 것이라 할 수 있다.

예를 들어 '과거사 청산을 둘러싼 논쟁'이나 '분배와 성장 중 무엇이 먼저인가와 관한 논쟁'을 예로 들 수 있다. 가치 논제는 직접적으로 드러나 있기 보다는 현실적인 문제 속에 가려진 경우가 많기 때문에 토론자들이 전제하고 있는 우선가치가 무엇인가를 분석적이고 비판적으로 읽어내려는 노력이 필요하다.

이처럼 가치 논제는 세상을 바라보는 가치관이나 신념과 밀접한 관견이 있다. 따라서 상대방이 아무리 충분한 근거를 가지고 주장을 하거나 반박을 해도 다른 입장을 수용하지 않으면 토론 자체가 무의미해진다.

정책명제 (실천 방안에 대한 판단)

정해진 입장에 대해 구체적인 실행을 어떻게 할 것인가 혹은 문제에 대한 해결안을 포함하는 것에 대한 논제이다. 정책 논제로 토론할 경우에는 이미 사회에서 실행되고 있는 정책을 왜, 어떻게 새롭게 바꾸어야 하는지에 대해 논의한다. 그래서 정책 논제는 찬성과 반대 모두 우리 사회가 바람직한 방향으로 나아가야 한다는 공유점을 토대로 토론이 진행된다. 이런 이유로 앞의 두 논제에 비해 많이 활용된다.

정책 논제는 어떤 해결 방안 혹은 처방의 방법이 옳으냐 혹은 정당하냐의 여부를 입증해야 하는 토론이다. 제시된 방안이 현재의 문제를 해결해 줄 수 있는 것인지, 그 방안을 실행할 수 있는 가능성이 있는지, 그 방안을 실행하는 데 따르는 긍정적 영향과 부정적 영향은 어떤 것이 있는지 등에 대한 논의를 바탕으로 한다. 그리고 그 방안을 실행해야 할지 말아야 할지에 대한 최종 판단이 이루어진다.

오늘날 기업체나 조직에서 이루어지는 대부분의 토론이 여기에 해당한다. 정책논제의 경우는 입장이 찬반으로 나뉘는 경우 이외에 다양한 해결책이 존재할 수 있다. 주로 가치명제의 토론이 이루어지고 난 후, 구체적인 실천방안을 논의해야 하는 경우가 많다. 예를 들어 '인간 복제는 금지되어야 한다'는 논제는 '인간 복제가 바람직한지 그렇지 않은지'의 문제에 대한 가치 판단이 '금지'와 같은 실천적인 조치와 연계됨으로써 가치와 정책 사이의 구분이 모호해진다. 이처럼 가치 판단은 많은 경우 정책적 조치를 위한 선구자(precursor)로서 기능하며 이런 정책적인 함의가 담겨져 있는 가치 토론을 '유사 정책(quasi-policy)' 토론이라고 부른다.

토론의 논제를 결정하기 위해서는 다음과 같은 사항들이 고려되어야 한다.

첫째, 논제에는 단 하나의 중심적인 논쟁점만이 분명하게 제시되어야 한다. 이를테면 '사형과 낙태는 금지되어야 한다'는 논제는 사형과 낙태라는 두 가지 이슈를 담고 있기 때문에 입장에 따라서는 사형금지에는 찬성하지만 낙태는 허용되어야 한다는 견해가 성립될 수 있다. 따라서 좋은 논제는 하나의 진술문에 하나의 이슈만을 담고 있는 단문이어야 한다.

둘째, 논제에 찬반 어느 한편에 유리하게 작용하는 정서적인 감정이 담긴 표현은 배제하는 것이 좋다. 예를 들어 '야만적인 개고기 판매는 금지되어야 한다'는 논제의 경우 '야만적인' 이라는 표현을 통해 이미 찬성 측에 유리한 정서가 내포된 것으로 볼 수 있다. 그러므로 논제에는 가급적 이와 같은 가치판단을 최소화하는 중립적인 어휘를 선택하는 것이 좋다.

셋째, 논제는 찬성 혹은 긍정 측에서 바라는 결정의 방향을 분명하고도 정확하게 표현해야 한다. 예를 들어 '자유민주주의는 수호되어야 한다.'의 경우 현 상태의 문제자체가 내포되어 있지 않고 쟁점 역시 추상적이고 모호하다. 마찬가지로 '자유민주주의는 파괴되어서는 안 된다'는 부정적인 진술문 역시 청중의 혼동을 야기하며 토론자들의 논의를 진행하는 데도 끊임없는 혼란이 제기된다는 점에서 피해야 할 형식이라고 볼 수 있다.

넷째, 현 시점에서 뜨거운 쟁점이 되고 있는 시의성을 갖춘 논제여야 한다. 그래야 토론자들의 흥미를 유발할 수 있고 자료의 수집 등도 용이하기 때문이다.

다섯째, 논제는 찬성과 반대가 분명히 드러날 수 있어야 하지만 그렇다고 정답이 분명한 주제는 적합하지 않다. 서 너 가지의 쟁점이 부각될 수 있는 주제가 토론의 진행과 생각의 진행에 효과적이다. 또한 범위가 너무 넓으면 내용의 구체성이 없고 너무 좁으면 편협되어 자칫 말장난이 되거나 같은 이야기가 반복되어 토론의 의미를 잃어버리므로 주제의 범위도 신중하게 잡아야 한다. 또 지나치게 자극적인 문제는 개인 또는 특정단체나 집단과 관련되어 또 다른 문제를 야기하기 쉬우므로 주의해야 한다. 또한 토론의 주제가 극소수의 주장과 관련될 경우 토론은 가능하지만 반대를 위한 반대를 하게 되어 문제해결의 과정이 아닌 대결을 위한 과정이 되므로 이런 주제는 피한다.

③ 토론 조 구성

학생들은 조 구성 문제로 심리적 갈등을 느끼게 마련이다. 그러나 토론이란 나와 의견이 다른 사람을 설득하는 훈련의 과정이다. 내 마음에 들지 않는 학생을 설득하고 토론 준비를 함께 하는 과정 역시 토론 능력 향상에 큰 도움이 된다. 학과 구성원들의 연령, 성별 등을 고려하여 교수자가 임의로 조정하는 것도 경우에 따라서는 필요하다.

아울러 논제가 정해지고 조원이 구성되면 충분한 논의를 거쳐 찬성과 반대 팀을 정해야 한다. 가장 최선의 방법은 자신의 소신대로 찬성과 반대를 정하는 것이지만 그렇지 않은 선택을 해야 할 경우도 많다. 그렇다고 너무 불안해 할 필요는 없다. 어차피 토론은 주장과 반박의 연속이므로 오히려 자신의 소신에 대해 조목조목 반박해 볼 수 있는 기회를 가질 수도 있다. 토론을 통해 더 유의미한 경험을 할 수 있는 것이다.

④ 논점 분석

논점 분석은 토론 준비에서 가장 중요한 과정으로 논제 파악 → 논점 구축 → 논거 찾기로 구분할 수 있다. 물론 이 구분은 편의상 나누는 것일 뿐 실제로는 서로 밀접하게 연관되어 있어서 칼로 무 자르듯 나누어지지 않는다.

〈논제파악〉
 - 논제의 종류를 파악한다. (사실, 가치, 정책 논제)
 - 논제를 둘러싸고 있는 사회적 배경을 살펴본다.

〈논점구축〉
 - 논제에 대해 '예/아니오'에 해당하는 답을 찾아본다. (브레인스토밍, 대립적 입장)

- 관련성이 깊은 답끼리 서로 연결한다.
- 사실논제의 경우 '무엇이 사실인가?' 또는 '어떤 사건이나 행위가 실제로 일어났는가?' 등을 따져보아야 하고, 가치논제는 동일한 사안이나 대상에 대해 서로 가치관이 다르기 때문에 일어나는 갈등과 충돌을 전제로 한다. 그래서 주로 개념 정의, 가치가 충돌하는 지점, 가치 판단의 기준 등을 생각해 보아야 한다. 정책 논제의 경우에는 새로운 정책을 통해 과연 현재의 문제 상황을 해결할 수 있는지를 따져보는 것이 가장 중요하다. 그러므로 정책 논제에 대해서는 일단 핵심 용어에 대한 개념 정의, 현재 정책의 문제점, 새로운 정책의 필요성과 문제 해결의 가능성 등을 검토해야 한다.

〈논거 찾기〉

토론에서 자신의 주장이 정당하다는 것을 입증하려면 기본적으로 '주장', 주장을 지지해주는 '근거자료', 근거자료를 바탕으로 주장이 가능하게 해주는 '논거', 이 세 가지 요소를 갖추어야 한다. 주장은 동의를 얻기 위해 제시된 문장이고 근거자료는 주장을 지지해주는 구체적인 사실적 정보를 말한다. 근거자료에는 누구나 동의할 수 있는 이미 확립된 주장, 경험적 관찰, 통계자료, 사례, 사실 등이 있다.

근거자료는 구체적이고 충분해야 하며, 주장과 관련성이 깊어야 한다. 마치 요리를 잘하기 위해서는 요리의 목적에 맞는 싱싱하고 풍성한 재료를 갖추어야 하는 것과 같다. 그러나 아무리 좋은 재료를 갖추었다 하더라도 적절한 조리의 순서와 방법에 따라 전혀 다른 맛이 나는 것처럼 주장의 정당성을 입증하기 위해서는 자료를 나열하는 것만으로는 충분하지 않다. 근거 자료와 주장을 연결시켜주는 일반적인 원리나 원칙을 들어서 정당성을 보증해줄 필요가 있다. 이같이 어떤 근거 자료를 바탕으로 어떤 주장을 하는 것이 옳다는 이유를 들어 보증해주는 역할을 담당하는 것이 바로 논거이다. 그러므로 논거는 근거 자료와 주장을 정당하게 연결시켜주는 연결 고리에 해당한다. 논거는 우리 사회에서 통용되는 관습이나 상식, 누구나 인정하는 가치, 검증된 판단이나 축적된 경험, 법률적 규정, 자연의 법칙, 언어적 정의 등 대부분의 사람들이 받아들일 수 있는 개연적인 규준을 말한다.

이를 이해하기 쉽게 도표로 그려보면 다음과 같다.

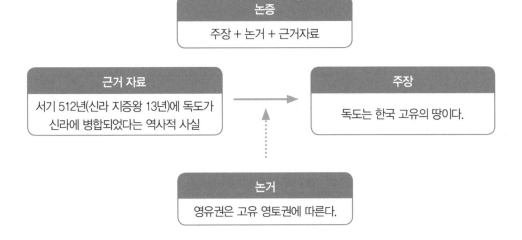

논점 분석과 논거 찾기를 바탕으로 전체적인 내용 구성도를 그려보면 다음과 같다.

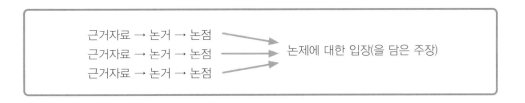

토론의 몇 가지 추론적 오류들

– 권위나 힘에의 호소

 부적절한 권위에 호소하거나, 어떤 지위나 힘을 이용하여 자신의 주장을 받아들이도록 위협하는 경우

예)〝아무리 그렇게 주장해도 소용없습니다. 결국 선생님의 말씀에 따라야 하니까요.

– 인신공격의 오류

  주장과 무관하게 주장하는 사람의 경력, 인품, 직업, 성격 등을 이유로 들어 주장에 문제가 있다고 비판하는 경우

예) 마르크스는 사회주의자이기 때문에 그의 이론에 의거하여 자본주의 사회를 논하는 것은 잘못이다.

– 대중에의 호소

적절한 근거를 바탕으로 하지 않고 군중심리를 이용하여 주장에 대해 동의를 얻어내려는 오류
예) 동성동본금혼제도를 아직도 채택하고 있는 나라는 세계 어디에도 없을 것입니다.

– (동정이나 공포 등) 감정에 호소
상대에게 연민이나 동정심을 유발하여 자신의 주장을 받아들이도록 하는 오류
예) 숭례문에 불을 지른 범인의 '자신의 억울함을 한 번이라도 들어주었다면 이런 일은 없을 것'
이라는 주장

– 성급한 일반화
제한되거나 부족한 자료에 근거하여 자신의 주장을 일반화하는 오류
예) 독일과 싱가포르 등의 나라에서도 사교육이 활성화되고 있는 현상으로 미루어 보면, 사교육
열풍은 전 세계적 현상이라 할 수 있다.

– 논점 일탈
주장과 관련이 없는 근거를 들어서 다른 주장이 되게 만드는 오류
예) 교육의 가치를 입증하기 위해 조기 졸업을 허용하는 이번 조치에 반대합니다.

– 무지에의 호소
어떤 주장이 거짓이라 밝혀진 것이 없으니 정당하다고 주장하거나, 반대로 주장의 정당성이 증
명되지 않았다고 해서 허위라고 비판하는 오류
예) 이 약은 개발된 지 10년이 지났지만, 임상적으로 부작용의 사례가 전혀 없었습니다. 그러므
로 이 약은 안전합니다.

– 잘못된 인과 관계
어떤 사건의 원인이라고 보기에 충분한 근거가 없는 것을 실제적인 원인인 것으로 보고 어떤 주
장을 이끌어내는 오류
예) 올해에는 소비가 증가할 것입니다. 선거가 있는 해에는 항상 소비가 증가하였던 것이 통상적
인 관례입니다.

– 선험적 추론
어떤 원칙의 옳고 그름은 사실에 의거하여 판단한다. 그러나 원칙을 먼저 선험적으로 정해 놓고
이를 수용하거나 거부함으로써 판단의 순서가 바뀐 오류
예) 만화는 가장 천박한 책임에 틀림없다. 물론 도서관 대출 목록에 보면 항상 대여 1위를 차지한
다. 그러나 바로 그 점이 만화가 가장 천박하다는 증거가 된다. 모두 인정하다시피 정말 좋은 책
은 직접 사서 보기 때문이다. 만화는 한 번 보고 말 책이므로 도서관에서 빌려 보는 것이다.

– 원천 봉쇄

반론의 가능성을 원천적으로 봉쇄하여 자신의 주장이 옳다는 것을 입증하는 오류

예) 중학교 학력고사에 대해 문제 제기를 하는 사람들은 시험 성적이 낮은 학생과 학부모들뿐이다.

– 흑백 논리

어떤 주장의 근거가 단순히 두 가지 중 하나라고 주장함으로써 범하는 오류

예) 지금 현재 우리 사회에 사교육이 활성화되고 있는 이유는 공교육이 제대로 된 교육을 담당하지 못하고 있기 때문입니다.

⑤ 토론 준비하기(자료 조사 및 토론개요서 작성)

풍부하고 의미 있는 토론이 되기 위해 가장 중요한 것은 풍부한 자료를 찾고 적절한 논거를 확보하는 것이다. 이를 위해서는 충분히 자료 조사를 하고 끊임없이 가설을 재구축해야 한다. 자료 조사를 적절하게 하기 위해서는 다음의 절차가 필요하다.

– 자료의 선택: 어떤 자료가 토론에 적절한가?

– 자료 찾기 방법: 어떻게 자료를 찾을 것인가?

– 자료의 검증: 이 자료가 타당한 자료인가?

– 누락자료 검토: 누락된 자료는 없는가?

– 자료 정리 기준: 어떤 방법으로 자료를 정리할 것인가?

자료수집의 방법

– 인터넷으로 자료 검색하기

가장 많이 활용되는 매체이고 수집할 수 있는 정보의 범위도 넓지만 한 가지 경계해야 할 점은 인터넷을 통해 검색한 지식이나 정보만으로는 심도 있는 토론이 불가능하기 때문에 자료 찾기를 위한 일차적인 방법 정도로 생각해야 한다.

– 문헌 자료 찾기

학교 도서관을 이용하여 효율적으로 자료를 열람하는 것이 좋다. 책의 머리말을 읽으며 저자의 의도와 관점을 파악하고 목차를 읽고 책에서 다루는 문제와 범위, 전체적 논지를 파악한 후 필요한 정보와 관련된 부분을 찾아 집중적으로 읽는다. 특히 잡지나 신문을 통해 최근에 나온 조사

결과나 통계 자료, 사례 등을 찾을 수 있다.

– 설문 조사 및 인터뷰

해당 논제와 관련된 연구가 부족하거나 최근의 실상을 보여줄 자료가 부실한 경우 직접 설문 조사한 결과물이나 인터뷰한 것을 논거로 활용하는 것이 좋다. 설문 조사나 인터뷰를 할 때에는 누구를 대상으로 무엇에 대해 질문했는지가 가장 중요한 관건이다. 또한 규모와 대상이 문제되기도 한다. 너무 적은 인원일 경우에는 통계자료로서의 가치가 떨어지고, 또 어느 한쪽에 편중된 대상자들을 선정하면 공정성을 가지지 못하기 가능하면 많은 인원을 대상으로 공정한 결과를 취해야 한다. 인터뷰를 할 때에는 사안에 대해 전문적인 지식이나 정보를 갖고 있는 대표성을 지닌 인물을 선택하는 것이 좋다. 결과를 제시할 때에는 반드시 누구를 대상으로 언제 어떤 질문을 했는지 구체적으로 밝혀서 공정성과 신뢰성을 확보하도록 해야 한다.

〈자료의 정리〉

정보의 홍수 속에서 많은 양의 정보를 수집하는 것은 그리 어려운 일이 아니다. 문제는 수집한 정보를 어떻게 정리하고 분석하느냐는 것이다. 일반적으로 자료를 정리할 때는 다음과 같은 기준을 따른다.

– 자료를 작성한 저자의 주장을 명확하게 찾아낸다.
– 주장을 지지하는 근거 자료가 무엇인지 찾는다.
– 통계 자료(데이터), 전문가의 견해, 사례 등으로 자료를 구체적으로 분류한다.

〈논거 카드 만들기〉

논거 카드란 조사한 자료를 카드로 일목요연하게 정리한 것을 말한다. 논거 카드를 만드는 방법은 아래와 같다.

– 자기 나름의 정리 체계를 세우고 일관성 있게 정리한다.
– 논점별로 카드 색을 구분하여 서로 섞이지 않게 한다.
– 구별하기 쉽게 각 카드에 일련번호를 붙인다.
– 카드에 데이터, 사례, 전문가의 견해 등을 구분하여 붙인다.
– 논거로 활용되는 한 가지 자료는 한 장의 카드에 들어가도록 정리한다.

〈논거카드의 예〉

번호: 논점 1-①
제목: 연쇄 성폭력범들의 재범률이 높아지고, 흉포화되는 경향
출처: 내일신문, 2017년 3월 6일자
인천 부평경찰서에 구속된 박모씨(41세)는 수도권 일대에서 21회에 걸쳐 강도와 성폭행을 일삼았고, 박씨가 성폭행한 피해자 중에는 ~~~~~~~~~~~~~~~~~

⑥ 토론개요서 작성

토론 개요서는 여행을 떠나기 전 구체적인 여행 계획을 세우는 과정과 흡사하다 할 수 있다. 토론 개요서를 작성하면 무엇보다 토론의 전략을 체계화할 수 있다. 논리적 흐름에 따라 자료를 분류하고 분석하여 토론의 흐름에 맞게 정리할 수 있다. 상대방의 전략에 대한 대비도 가능하다. 찬반 양쪽의 논점과 논거를 대조하면서 비교하며 정리하기 때문에 상대방의 전략을 예측하고 이에 대비하는 안목이 생긴다.

토론개요서 작성의 원칙

- 논점을 일목요연하게 항목화하여 논리적 흐름에 따라 번호를 붙여 정리한다.
- 논점을 받쳐주는 논거를 간략하게 정리하여 전체적인 윤곽이 드러나도록 정리한다.
- 근거 자료 역시 항목화하여 정리하고, 자세한 자료는 논거 카드로 정리한다.

〈토론 개요서 작성 순서〉
- 먼저 자기 팀의 논점과 논거를 정리한다.
- 그에 대해 예상되는 반론과 반론에 대한 대책을 마련한다.
- 상대 팀의 논점과 논거를 찾아본다.
- 상대 팀의 논점과 논거에 대해 반론할 만한 문제점을 분석한다.
- 자기 팀의 논점과 논거에 대한 상대 팀의 반론을 예측하고, 이에 대해 대책을 세운다.

〈토론 개요서의 구체적인 내용〉
- 논제에 대한 자기 팀의 입장(또는 찬성과 반대의 대립된 입장이나 관점)을 정한다. 토론 대회

를 위해서는 두 가지 입장을 모두 준비해야 한다.

 – 자기 팀의 입장에서 입론에 들어갈 전제, 핵심 개념, 논점, 논거 등을 정리한다. 배경상황, 핵심 용어의 개념 규정, 논점과 논거의 나열, 기대 효과의 순서로 구성한다.

 – 상대 팀의 입론을 예측하고 위의 순서대로 정리한다. 예측을 하는 것이므로, 실제 토론에서 적중할 수 있도록 자료 조사와 논점 분석 등에서 다각도로 심도 있게 접근한다.

 – 자기 팀의 입론에 대한 상대 팀의 반론을 예측하여, 상대 팀의 반론 칸에 적는다. 상대 팀이 자기 팀의 입론에 대해 반박할 내용을 예측하는 것이므로 역시 다각도로 접근해야 한다.

 – 상대 팀의 반론에 대한 대책을 바로 아래 자기 팀의 반론 대책 칸에 적는다.

〈토론 개요서의 형식〉

논제 :		
	우리 팀	상대 팀(예측)
입론	1. 논점(주장)	1. 논점(주장)
	2. 논거와 근거 자료	2. 논거와 근거 자료
반론	3. 상대 팀 입론에 대한 반론	3. 우리 팀 입론에 대한 상대 팀의 반론
	4. 상대 팀 반론에 대한 우리 팀의 대책	4. 우리 팀 반론에 대한 상대 팀의 대책

〈토론개요서 – 예시〉

논제 : 체벌, 교육의 수단이다(반대 팀)		
	우리 팀	상대 팀(예측)
입론	1. 논점(주장)	1. 논점(주장)
	① 체벌은 폭력성을 내재하고 있다. ② 체벌은 지속 효과가 없다. ③ 체벌은 교사와 학생 간의 인격적 관계를 훼손시킨다. ④ 보상 효과를 달성할 수 있는 대안 처벌을 활용해야 한다.	① 체벌은 교육적 효과가 높다. ② 체벌은 현재와 같은 다인수 학급의 질서 유지에 효과가 높다. ③ 교사는 학급을 바르게 이끌어갈 권한과 의무가 있다.
	2. 논거와 근거 자료	2. 논거와 근거 자료
	① 체벌을 가한 후 교사의 심정에 대한 연구 자료 — 후회한다는 부정적 반응. ② 심리학자 스키너Skinner의 조작적 조건화 이론 — 체벌은 일시적인 행동 억제 효과를	① 다인수 학급의 통제 수단이 필요함 — 체벌은 통제 수단의 효과가 높음. ② 효율적인 학교 환경 유지와 다른 학생들에게 간접적 교육 효과가 높음

	지님. ③ 매일신문 인터뷰 — '체벌 중독성의 예.' ④ 대안 처벌의 행동 변화 — 교사, 학부모, 학생 50% 이상 선호도를 보임.	③ 체벌은 교사 책임을 수반하는 '권한' — 초·중등 교육법 제18조 1항.
반론	3. 상대 팀 입론에 대한 반론	3. 우리 팀 입론에 대한 상대 팀의 반론
	① 강압적 통제를 통한 교육은 그리 좋지 않다. ② 체벌은 비행의 결과를 공개적으로 알려주고, 폭력성을 학습하도록 조장한다. ③ 체벌의 효과는 체벌을 가하는 순간에만 존재할 뿐, 지속적이지 못하다. ④ 교사도 사람이기 때문에 객관적 거리 유지가 어렵다.	① 교사와 학생의 위치는 대등하지 않다. ② 체벌은 여러 가지 교육 수단 중 하나일 뿐이다. ③ 체벌의 효과는 즉각적이고, 효율적이라는 점에서 긍정적이다. ④ 체벌은 교사의 권리로 인정받는 부분이다.
	4. 상대 팀 반론에 대한 우리 팀의 대책	4. 우리 팀 반론에 대한 상대 팀의 대책
	① 학생의 인권을 인정해야 한다. 교권이 학생들의 인권보다 우선시될 수 없다. ② 교육은 교사와 학생 간의 믿음을 바탕으로 이루어져야 하므로, 체벌의 폭력성은 옳은 교육법이 아니다. ③ 학생들은 체벌을 인지적·정서적 측면에서 부정적으로 받아들인다. ④ 의무가 수반되지 않는 권리는 보장되지 못한다.	① 체벌을 통한 질서는 강제적이지만, 학생들을 획일적으로 만드는 질서는 아니다. ② 비행을 학습시키는 것보다 체벌을 활용하여 간접 효과를 높이는 것이 더 교육적이다. ③ 체벌의 즉각적인 효과는 효율적으로 학급을 운영하는 데 있어 경제적이다. ④ 교사는 여러 교육 과정을 거쳤으므로, 체벌이 필요한 적절한 시기와 정도에 대한 판단력과 분별력을 갖추었다.

2) 실행단계

① 입론(발제, 입장 표명)

입론은 논제에 대해 자기 팀의 입장을 담은 논점(주장)을 펼치는 과정이다. 정해진 논제에 대해 자기의 생각을 말한다는 의미에서 '발제'라고도 한다. 입론에서 펼친 논점을 토대로 토론이 진행되기 때문에 자기 팀의 입장을 충분히 포괄해야 한다. 이런 이유로 입론은 '입장표명'이라고도 한다. 보통 입론은 이 토론을 하는 의미가 무엇인지를 설명하며 토론에 참가하는 토론자와 청중들이 해당 논제에 대한 토론의 필요성을 서로 공유하는 과정이라고 할 수 있다.

일반적으로 입론은 다음과 같은 순서대로 전개된다.

가. 논제를 둘러싼 사회적 배경을 말한다.

이 논제가 사회적인 측면에서 많은 사람들의 관심을 받고 있거나 사회적 이슈로 떠오르고 있다는 점을 밝힌다. 이는 이 토론의 가치와 필요성이 충분히 있다는 점을 설명하는 과정이기도 하다. 만약 '체벌, 교육의 수단이다'라는 논제로 토론한다면 먼저 체벌이 왜 지금 사회적으로 문제가 되고 있는지, 체벌 문제를 해결하기 위해 사회적으로 어떤 논의들이 제기되고 있는지 등에 대해 간략하게 말한다. 그럼으로써 상대 팀은 물론 청중에게 체벌 문제에 대한 토론의 필요성을 인식하게 한다. 체벌과 관련된 교육 현장의 모습을 담은 영상이나 국민들의 반응, 체벌 문제를 보도한 뉴스 등을 활용하는 것도 방법이다.

나. 핵심 용어의 개념을 정의한다.

핵심 개념을 정의하는 이유는 핵심적인 단어에 대한 정의 자체가 곧 자기 팀의 입장이나 논점을 받쳐주는 기반이 되기 때문이다. 핵심 개념을 정의해야 할 용어는 대개 논제 안에 담겨 있다. '체벌, 교육의 수단이다'라는 논제에서는 핵심 용어에 해당하는 '체벌'의 개념을 반드시 정의해야 한다. 만약 체벌을 '교육적인 목적으로 신체에 직접적인 고통을 가해 벌하는 것'이라는 개념으로 정의했다면 토론을 진행하는 전 과정에서 이 범주 안에서 토론을 펼쳐야 한다.

토론에서는 찬성 측이 반대 측보다 먼저 발언하기 때문에, 개념 정의 역시 찬성 측이 먼저 제시한다. 그런데 반대 측도 개념 정의를 해야 하는데, 찬성 측의 정의에 동의할 수도 있지만 그에 동의하지 않는다면 반대 측이 정의한 개념을 분명하게 밝혀야 한다. 논점이나 논거가 상대방이 내린 정의의 범주를 벗어날 경우 반박의 대상이 될 수도 있다.

다. 논점을 3~4개 항목으로 정리하여 전개한다. (3의 법칙)

논점은 3~4개 정도를 제시하는 것이 좋다. 논점을 너무 많이 나열하면 내용을 기억하기 어렵고 산만할 뿐 아니라 중복되는 경우도 많아진다. 논점이 많을 때는 비슷한 항목끼리 모아 상위의 층위에서 묶어 3~4개 정도로 정의하는 것이 바람직하다.

각 논거를 제시할 때에는 먼저 논제에 대해 찬성하는 주장을 한 문장으로 간략하게 먼저 말한다. 그러나 바로 이어서 각 논점을 지지해 줄 수 있는 근거 자료를 제시해야 한다. 근거 자료는 주로 그렇게 주장하는 사실과 증거, 통계 자료로 구성된다.

예컨대 '체벌, 교육의 수단'이라는 논제를 가지고 찬성 측이 논거를 열거한다면 "우리는 다음과 같이 세 가지 논거를 들어 체벌은 교육의 수단이라고 주장합니다. 첫째, ~~~~~"라고 주장한다. 그런 다음 자신들의 논거들을 뒷받침 할 수 있는 다양한 자료들을 제시한다.

라. 기대효과를 열거한다.

논거에 대한 발언이 끝났으면 입론의 마무리 단계로서 기대효과를 말한다. 논제로 주어진 문제를 해결하기 위해 어떤 노력을 해야 하는지에 대해 언급하면서, 자기 팀이 주장한 바대로 한다면 지금 토론하는 문제를 이러저러하게 해결할 수 있을 것이라는 식으로 내용을 정리한다. 기대효과는 다른 토론자들에게는 물론 청중들에게 자신들이 내세우는 논거에 타당성과 현실성이 있음을 받아들이도록 유도하는 효과가 있다.

② 확인 질문(교차조사, 교차 질문, 상호 질문)

확인질문은 방금 입론이나 반론에서 발언을 마친 사람이 말한 내용을 확인하는 과정이다. 입론에 대해 반론을 펼치거나 또는 반론에 대해 재반론하기 위해 입론이나 반론에서 말한 상대방의 발언 내용에 대해 질문하는 과정이다. 상대방이 말한 바를 조사한다고 하여 '교차 조사' 또는 '교차 질문', '상호 질문', '심문'이라고도 한다.

질문을 답변을 강요하는 힘이 있다. 질문하는 사람이 무엇을 어떻게 묻느냐에 따라 대답하는 내용이 크게 달라진다. 이런 점에서 확인 질문은 상대방의 발언 내용을 단순히 확인하는 수준을 넘어 질문을 통해 토론의 흐름을 주도할 수 있는 중요한 과정이다.

확인 질문은 다음과 같은 내용과 방법으로 진행한다.

- 상대팀이 발언한 내용에 대해서만 질문해야 한다. (상대의 주장 경청)
- 상대방이 내세운 논점이나 발언 내용의 허점에 대해 질문한다.
  (상대의 가장 취약점 선별)
- 논점을 뒷받침하는 논거의 타당성에 대해 질문한다.
  (논거의 출처, 정확성, 해석의 타당성)
- 발언 내용을 단순히 확인하는 질문은 피한다. (묻고자 하는 목적을 분명하게)
- 짜임새 있게 단계별로 질문한다.

('예', '아니오'로 짧게 답할 수 있는 몇 개의 질문으로)

- 일련의 질문은 어떤 결론에 도달해야 한다. (의도가 분명한 질문)
- 질문자는 상대방에게 예의 있는 태도로 질문해야 한다.
  (상대를 제압하려는 호전적 질문 태도 지양)
- 답변자는 성실하게 답변할 의무가 있다.
  (질문에 대한 적극적 대응으로 자신의 논지와 연관시켜 답변)

③ 반론

반론은 토론에서 가장 핵심적인 단계이다. 상대방 주장의 허점이나 부족한 점을 지적하고, 왜 잘못되었고 어떤 점에서 오류가 있는지를 밝히는 부분으로 본격적인 토론의 시작점이라고 할 수 있다.

상대방의 주장이 아무리 그럴듯하게 보일지라도 그것이 수학이나 과학에서의 객관적 증명이 아닌 이상 완벽할 수는 없는 법이다. 수학이나 과학에서는 확실한 전제에서 출발하여 필연적인 결론에 도달하지만, 사회 현상이나 현실적인 문제를 다루는 대부분의 토론에서는 있을 법한 개연적인 전제에서 출발하여 개연적인 확실성이라는 결론에 도달할 수밖에 없다. 따라서 자신의 주장은 물론 상대방의 주장 역시 완벽할 수 없으며 늘 반박이 가능하다는 점을 인정해야 한다. 따라서 자신의 주장이나 의견이 지닌 강점을 바탕으로 상대방의 약점을 비판하는 반론은 토론의 전제이자 본질에 해당한다.

반론의 내용과 방법은 다음과 같다.

가. 상대방이 내세운 논점이 논제에서 벗어나지 않았는지 검토한다.

상대방이 내세운 논점은 무엇인지, 논제의 범위를 벗어나지는 않았는지를 검토해야 한다. 만약 상대방이 내세운 논점이 논제에서 벗어났다면 어떤 점에서 어떻게 벗어나고 있는지에 대해 근거를 밝혀야 한다.

나. 상대방의 근거가 타당한지 검토한다.

상대방이 내세운 논점의 근거들에 대해 꼼꼼하게 분석해야 한다. 이를 위해서는 우선 상대방이 제시한 논거들이 논점을 지지할 수 있을 만큼 타당한지, 최신의 전문적인 자료인지를 분석해야 한다. 또한 제시한 자료가 명확하고 정확한지, 자료 안에 내적 모순은 없는지 살펴야 한다. 그리고 제시한 통계 자료(데이터)가 주장을 지지해줄 만큼 충분한지,

조사 시점이 언제이고 그 출처는 분명한지를 따져봐야 한다. 이러한 검토의 내용과 방법은 자신의 주장에 대한 근거를 마련할 때도 똑같이 적용해야 한다.

다. 상대방의 주장이나 근거를 활용하여 반박한다. (되돌려주기)

만약 상대방이 타당한 논거와 풍부한 자료를 바탕으로 자신 있게 주장을 펼치고 있다면, 거꾸로 주장과 근거 사이의 타당성을 검토하여 역으로 반박 자료로 활용할 수 있다. 이를 일명 '되돌려주기(turn round)'라고 한다.

반론 시 주의할 점

1) 입론에서 제시하지 않은 논점을 들어 반론해서는 안 된다.

상대방은 물론 자신이 입론에서 제시하지 않은 논점을 새롭게 들고 나와 상대방을 비판하는 도구로 삼아서는 안 된다. 하나의 논점에 대해 논의하다가 갑작스럽게 다른 논점으로 옮겨 가거나 하나의 논점에 대해 충분히 논의하지 못한 상태에서 다른 논점으로 확대하는 것은 질서와 규칙이 엄격하게 적용되는 교육 토론에 비추어 보면 큰 목소리로 자신의 주장만을 격렬하게 내세우고 상대방의 주장에 대해서는 전혀 귀를 기울이지 않는 토론꾼들의 무질서한 경연장으로 보일 수도 있다.

2) 효율적인 반론 전략을 세워야 한다.

상대방의 논점을 모조리 반박하는 것은 무리가 있다. 그렇다고 중요한 점만 다루다보면 상대방의 나머지 주장들은 수용한 듯한 인상을 주어 불리한 토론이 될 수도 있다. 따라서 상대방의 주장 중에 동의할 부분이 있다면 분명한 공유의 자세를 보이되 어떤 부분에서 다소의 차이가 존재하는지 언급하는 것이 필요하다. 만약 상대방의 주장에 수용할 점이 없다면 가장 핵심적인 논점만 공략할 것인지, 아니면 전부 공략할 것인지를 결정해야 한다. 반론이 두 번 있는 토론의 경우, 첫 번째 반론에서는 상대방의 논점 중 가장 취약점을 공략하고 두 번째 반론에서는 첫 번째 반론에서 빠진 내용을 반박하는 것이 효과적이다.

결국, 반론은 자신의 강점을 가지고 상대방의 약점을 반박하려는 태도가 필요하다. 또한 반론을 할 때는 양측이 공유하는 점이나 사소한 대립점에 집착하지 말고, 핵심이 되는 쟁점을 찾아 집중적으로 비판하는 것이 좋다.

④ 최종 발언(마무리 발언)

토론 내용을 간략하게 정리하고, 논제에 대한 자신의 입장을 청중을 향해 다시한번 선명하게 부각시키는 단계이다. 즉 청중을 향해 마지막으로 자신의 주장을 설득적으로 제시하는 과정이다. 따라서 자신의 입장을 비유나 일화 등을 들어서 청중들에게 강렬한 인상을 남기는 방법을 활용할 수도 있다.

최종 발언의 순서는 다음과 같이 진행하는 것이 좋다.

가. 논제에 대한 자기 팀의 입장과 논점을 간략하게 정리한다.
나. 자기 팀의 논점에 대한 상대 팀의 반박을 간략하게 정리하고, 이에 대해 자기 팀의 전체적인 입장을 밝힌다.
다. 토론 내용을 압축적으로 담을 수 있는 비유나 일화 등을 활용하여 청중을 설득한다.

토론에서 지켜야 할 세 가지 원칙

추정의 원칙

'기존의 믿음이나 가치판단. 정책을 적극적으로 부정하지 않을 경우 그것이 현재 상황에서도 그대로 통용된다고 보는 자동적인 의사결정의 규칙'을 말한다. 현재의 가치관이나 제도, 상황 등에 대한 문제를 제기하는 사람들이 있다면 현재 상황을 선호하는 사람들은 문제를 제기한 사람의 의견을 들어보고 나서 그 의견의 타당성을 따져보려고 할 것이다.
이런 이치에서 토론에서는 현재의 가치관이나 제도, 상활 등에 대해 문제를 제기하는 사람들이 먼저 발언하도록 규칙으로 정해놓고 있다. 그렇기 때문에 찬성 측은 '증명의 의무'가 있고 '반대 측은 '반증의 의무'가 있다.

평등의 원칙

토론에서는 민주주의 원리에 따라 토론 참여자들 모두가 골고루 발언할 수 있도록 발언 시간과 기회를 공평하게 분배하여 규칙과 형식을 만든다. 자유롭게 발언하면 공평하지 않은 게임이 될 가능성이 높기 때문이다. 비록 규칙과 형식이 엄격하게 적용되지 않고 자류롭게 토론을 한다 하더라도 참가자 전원의 공평한 발언권을 인정하는 태도는 민주주의 사회를 살아가는 성숙한 시민이 갖추어야 할 기본 소양이라고 할 수 있다.

의사소통의 원칙

　토론은 대화로 문제를 해결하는 의사소통의 방식이므로 참여자들은 의사소통에서 지켜야 할 규칙을 잘 실천해야 한다. 즉 토론자들의 나이나 직책, 성별과 상관없이 예의 바르게 행동하고 정중한 표현을 써야 한다.

　이를 위해서는 적절한 속도와 명료한 발음, 충분한 성량으로 발언 내용을 토론에 참여한 모든 사람이 알아들을 수 있도록 말해야 한다. 또한 짧은 문장으로 발언 내용을 선명하게 전달하고 말하는 내용의 핵심 요점을 먼저 말하고, 설명과 근거를 곁들이는 것이 좋다. 그리고 각 단계별 발언의 형식과 규칙을 잘 지켜야 한다. 이를 무시한 채 수단과 방법을 가리지 않고 이기려고만 한다든지, 상대방을 놀리거나 무시하는 태도로 기선을 제압하여 상대방이 제대로 말을 못하게 만든다든지, 인신공격성 발언으로 몰아세우는 등의 비열한 태도는 지양해야 한다.

3) 마무리 단계

① 청중 질문

　토론에 참여하지 않는 학생들은 토론의 내용을 일방적으로 듣기만 하는 소극적 청중이 아니다. 토론 내용에 대해 의문을 가질 수도 잇고, 토론자의 주장이나 근거에 대해 반박을 할 수도 있다. 이러한 점을 반영하여 토론이 끝난 다음 청중이 토론자들에게 질문하는 시간을 가질 수 있다.

　청중의 질문은 청중의 참여도를 높일 수 있는 효과 외에 토론 실행 과정에서 미처 언급하지 못했거나 놓쳐버린 쟁점에 대해 다시 생각해 볼 수 있는 기회를 제공한다.

② 교수자와 청중의 최종 판결

　승패를 가리는 것은 토론 수업에서 동기를 부여하는 가장 큰 역할을 한다. 그러나 단순히 승패를 가리는 것만으로 끝나면 토론 기술을 익히는 수준에서 머무르고 만다. 때에 따라서는 교수자의 심사 결과가 큰 의미를 지니지 못하는 경우도 있다. 이미 학생들이 평가서를 작성하거나 질문하는 과정을 통해 충분히 승패의 판정이 드러나기 때문이다.

　하지만 교수자의 적절한 강평은 토론 논제에 대해서 반드시 다루어야 할 중요한 쟁점을 짚어보고, 토론의 과정을 성찰하는 효과가 있다. 따라서 토론에 참여했던 학생뿐 아니라 청중으로 참여했던 학생들도 교수자의 강평을 잘 듣고 토론의 내용과 자신이 평가한 내용을 비교할 필요가 있다.

토론 평가표1 (학생 상호 평가지)

‒ 일시: 2017년   월   일
‒ 논제:

평가항목 및 점수		아주 잘함	잘함	보통	부족 함	많이 부족 함
		5	4	3	2	1
성실성	세부주제(논제)를 분명하게 표현하고 분석했으며 정확한 용어를 사용하였다					
	논제와 관련된 자료 및 사례 조사가 적절했으며 깊이 있고 폭넓은 검토가 이루어졌다.					
논리력	주제에 대한 입장(세부주제)을 분명하게 표현했으며 근거 제시가 적절했다.					
	전제와 결론의 관계가 긴밀하고 결론을 분명하게 진술했다.					
전달력	한국어 구사, 수사법이 뛰어났다.					
	자연스런 표현법을 구사했다. (억양, 말의 속도, 표정, 자세, 원고를 보고 읽지 않기 등)					
독창성	논증의 구성 및 사례 제시가 참신했다.					
	문제 해결 및 대안 제시가 탁월했다.					
태도	발표 및 질의응답과 토론 시간을 준수하고 토론의 규칙을 잘 지켰다. (상대를 존중하고 자유로운 의사 표현을 유도)					
	조원들 간의 역할 분담이 잘 이루어져 조화를 이루었다.					

최종 판정 : (   )팀 승, 총점 :   점

토론 평가표2 (학생 상호 평가지)

	학과: 이름: 조 이름:		
논 제			
토론자	찬성 팀 −		
	반대 팀 −		
사회자			
평가 기준		찬성 팀	반대 팀
공 통 항 목	언어적 태도(목소리, 속도, 말투 등)의 적절성 토론의 예절과 규칙 준수 여부	각 단계별 평가에서 이를 반영하여 채점함(+1, 0, −1)	
입 론	토론의 쟁점을 잘 포착했는가? 논점은 참신했는가? 논거가 적절한가? 논거가 타당한가?	점수: 1 2 3 4 5	점수: 1 2 3 4 5
확 인 질 문	토론의 쟁점을 분명하게 파악하는 질문을 했나? 상대방의 논리적 허점을 잘 짚었나?	점수: 1 2 3 4 5	점수: 1 2 3 4 5
반 론	상대방의 논리적 허점을 잘 지적했나? 반론의 논거는 타당한가? 반론거리를 모두 지적했는가?	점수: 1 2 3 4 5	점수: 1 2 3 4 5
최 종 발 언	토론의 핵심 쟁점을 잘 정리했는가? 자기 팀의 입장을 효과적으로 부각했는가?	점수: 1 2 3 4 5	점수: 1 2 3 4 5
	합계		
사회자	논제의 의의를 잘 부각했는가? 토론의 규칙과 시간을 잘 지키도록 했는가? 토론의 내용을 잘 요약했는가?	점수: 1 2 3 4 5	점수: 1 2 3 4 5
총 평			

③ 토론 총평

토론이 끝난 후에는 토론 전 과정에 대한 교수자의 총평이 있어야 한다. 토론을 준비하는 과정에서부터 실제 토론을 진행하는 과정까지 잘했던 점과 미비했던 점에 대해 평가한다. 토론의 결과물을 논술문 등의 형식으로 총정리하는 과제를 부여할 수도 있다. 교수자의 총평은 다음 토론을 준비하는 팀들에게 적절한 예비학습의 효과도 거둘 수 있을 것이다.

4. 토론 참여자의 역할

(1) 사회자의 역할

토론 사회자의 역할과 자세는 다음과 같다.

첫째, 사회자는 무엇보다 객관적인 사고와 공정한 태도를 지니고 있어야 하고, 찬성이나 반대 어느 쪽에도 치우치지 않는 중립적인 입장이 되어야 한다. 설사 평소에 어떤 한 쪽의 의견을 가지고 있었다 하더라도, 토론이 진행되는 동안에는 그 생각을 절대로 내비쳐서는 안 된다. 또한 토론은 토론자들의 토론이 되어야지 사회자가 토론자가 되어서는 안 된다. 즉 사회자는 자기 발언을 억제할 수 있는 사람이어야 한다. 다만 청중의 입장에서 명확하지 않은 주장이나 개념에 대한 질문을 청중을 대신해서 할 수도 있다.

둘째, 토론의 논제 및 쟁점을 설명해 주고, 토론이 다른 방향으로 나아가지 않도록 해야 한다. 토론자가 상대방을 무시하는 듯한 발언을 하거나, 논제에서 벗어나는 발언을 했을 때는 이를 지적하고 논제의 범위로 다시 돌아갈 수 있도록 유도해야 한다. 즉 토론이 논점에서 벗어나지 않도록 바로 잡아주는 것도 사회자의 역할이며, 첫 번째 쟁점에 대해 어느 정도 진행되었다 생각되면 두 번째 쟁점으로 넘어가는 것도 토론을 진행하는 사회자의 역할이다.

셋째, 사회자는 논제에 대해 모두 알고 있어야 하는 전문가이거나 달변가일 필요는 없지만, 토론의 흐름을 제대로 잡기 위해 논제를 제대로 파악하고 있어야 한다. 논제에 대해 토론자만큼 알 필요는 없어도, 청중들보다는 많이 알고 있어야 하기 때문에 사회자 또한 토론 전에 논제에 대한 충분한 자료 수집과 분석을 해 둘 필요가 있다. 다룰 필요가 있는 중요한 사안임에도 거론되지 않을 때에는 사회자가 질문을 통해 제시할 수 있다. 또한 토론자의 발언이 정리가 잘 되지 않았을 때나, 잘 알아듣지 못했을 때에는 사회자가 다시 한 번 질문을 하고, 내용을 정리해 준다.

넷째, 토론의 중간 중간 사회자는 청중들에게 토론의 내용을 요약해 주어, 토론의 이해를 도와준다. 토론의 내용을 적절히 요약해 주는 일은 토론이 부드럽게 흐르도록 하는 데 중요한 일이다. 토론의 내용을 요약해 줌으로써 토론자들의 발언 내용도 질서 있게 이루어질 수 있다.

다섯째, 토론에 불이 붙지 않아 토론이 지루하고 늘어진 느낌이 들 때에는 사회자가 적절히 개입해서 토론에 불을 붙이는 '방화범'의 역할을 하고, 토론이 너무 격양되었을 경우에는 사회자가 '소방수'의 역할도 해 주어야 한다. 사회자는 지나치게 적대적인 분위기가 되지 않도록 토론을 이끌어야 한다.

마지막으로 사회자는 토론의 전 과정을 책임지는 사람이기 때문에 시간체크는 물론이고, 발언의 기회도 정해준다. 발언의 기회는 양측에 골고루 주는 것이 무엇보다 중요하며, 발언을 많이 하지 못하는 토론자에게 우선발언의 기회를 주도록 한다. 토론 중간에 청중들에게 질문 기회를 주는 것도 사회자가 선택할 수 있다. 토론 시간이 여유가 있으면 3~4명 정도의 질문을 받을 수 있지만, 그렇지 않은 경우에는 2명 정도의 질문을 받는 것이 적당하다. 이때 한 명이 찬성측에 질문을 했다면, 다른 한 명은 반대측에 질문할 사람으로 선택하도록 한다.

일반적으로 토론의 사회자가 유능한 토론자로서 사회 보는 데 도움이 되는 유의사항을 간추려보면 다음 표와 같다.

하나. 토론 진행을 위한 운영 규칙을 세워라.
둘. 모든 참가자에게 발언의 기회를 주어라.
셋. 감정을 사실로 바꾸어 끌어들여라.
넷. 주제에서 벗어난 발언들을 주제로 바꾸게 하라.
다섯. 시간을 엄격하게 지켜라.
여섯. 어느 편도 들지 말라.
일곱. 비판을 허용하라.

(2) 토론자의 역할

토론의 실질적인 주인공은 토론자이기 때문에 토론자의 역할과 자세는 가장 중요하다. 토론자의 역할과 자세는 다음과 같다.

첫째, 기본적으로 토론자는 토론할 논제에 대해 충분히 숙지하고 있어야한다. 이는 충분한 자료 조사와 분석을 통해서만이 가능하다. 또한 자기 팀의 입장이 어떤 것인지 명확하게 인지하고 있어야 토론이 진행되는 도중 입장이 헷갈리지 않게 된다. 애매모호한 입장을 가지고 있다면, 상대측의 주장이 설득적일 때 그 주장에 휩쓸릴 수 있기 때문이다. 즉 토론자는 양측주장의 대립점을 분명히 알고 있어야 한다. 논증 자료는 통계 자료, 사례 자료 등이 있는데, 이때의 자료는 사실적이고, 신뢰할 만한 자료여야 한다. 토론자는 상대방이 수집한 증거 자료의 정확성과 신뢰성 등을 검증해 보고, 그것이 타당한 것인지 지속적으로 검토해야 한다. 증거 자료를 검증할 때에는 우선 그것이 증거로서 적합한지 검토한 다음, 그 출처가 믿을 만한지 검토하는 방법을 취한다. 검증 방법은 크게 질의 검증과 양의 검증 두 가지가 있다. 질(質)의 검증은 주어진 자료가 사실임을 증명할 수 있는가, 일관성이 있는가, 정확한가, 최근의 자료인가 등을 검토하는 것이며, 양(量)의 검증은 자료가 충분하며 완벽한지를 검토하는 것이다.

그리고 자료를 준비할 때에는 상대측의 주장에 대해서도 자료를 준비하는 것이 좋다. 그래야 자기 팀의 주장에 대해 어떤 반박이 나올지 예상할 수 있고, 아울러 그 반박에 대해 또 다른 반박을 준비할 수 있기 때문이다. 반박 대 반박이 이루어져야 진정한 토론의 재미를 느낄 수 있다. 개인 대 개인의 토론이 아닌 팀별 토론이기 때문에 자료 조사에서부터 토론 진행의 계획을 세우는 데 팀원 모두가 공동으로 참여하여야 성공적인 토론을 이끌어 낼 수가 있다.

둘째, 토론자는 토론 규칙을 명확하게 인지하고 또한 꼭 지켜야 한다. 발언권을 독점하려 하지 말고, 발언을 많이 하지 못한 친구에게 양보할 줄도 알아야 한다. 그 뿐만 아니라 사회자의 지시에 따라야 하며, 상대방의 발언에 대해서는 조용히 경청하는 자세도 지녀야 한다. 상대방이 발언을 하는 중이나 자신의 팀원이 발언을 하는 중간에 끼어들어서는 안 되며, 다른 이들의 발언이 끝난 후 사회자에게 발언권을 얻어 발언을 하도록 한다. 주장을 명백히 하려면 서두르지 말고 천천히 또박또박 정확하게 표현해야 한다.

셋째, 상대방의 말을 잘 경청해서 그 말에 논리적인 허점은 없는지, 논거는 적절한지 등을 파악하여 상대방 발언의 부당함을 공격한다. 상대방의 말을 듣는 것과 동시에 다음에 자신이 어떤 논박을 해야 할 지도 머릿속에 그리고 있어야 한다. 논박을 할 때에는 상대방과 청중들이 발언자의 주장이 무엇인지 명확하게 이해할 수 있도록 분명하게 전달해야 하며, 논제와 상관없는 말로 상대방을 인신공격해서는 안 된다.

넷째, 자세를 바로 하는 것도 중요하다. 책상에 기대앉거나 비스듬히 앉기, 의자 흔들기, 다리를 꼬거나 흔들기, 손으로 볼펜 굴리기, 턱을 괴기 등은 청중들에게 거만하거나 경망스러운 인상을 준다. 또한 손가락으로 상대방을 가리키거나, 상대방의 말이 틀렸다는 표현으로 손을 내젓는 행동은 매우 무례한 태도이다. 그리고 공손한 말을 사용하도록 한다. '나'라는 표현보다는 '저'를 사용하고, 제삼자를 지칭할 때는 반드시 직함이나 '씨'를 붙여야 한다. 늘 비격식체의 낮춤말로 대하는 친구들이라서 토론이 진행되다 보면 평소의 말투가 나올 수 있기 때문에 주의를 해야 한다. 공격을 받았을 때에 감정적으로 논박을 하지 않는 것이 좋다. 최대한 감정을 드러내지 않은 채 차분하게 대응해야 신뢰감을 줄 수 있다.

마지막으로 설득 효과를 높이기 위해서는 비언어적인 요소와 반언어적 요소도 중요하다. 비(非)언어란 말 그대로 언어가 아닌 표현 방식으로 몸짓이나, 얼굴 표정, 눈빛, 시선, 자세, 손동작, 옷차림 등을 나타낸다. 주로 몸의 일부 혹은 몸 전체의 반사적 움직임을 통해 드러나게 된다. 반(半)언어는 언어에 부수되는 표현으로 언어적 요소에 덧붙어 실현되는 말의 강세, 말의 속도, 음조, 말투, 성량, 억양, 발음 등을 일컫는다. 언어적 표현이 없는 침묵 또한 언어 외적인 요소에 해당된다. 적절한 비언어적 요소와 반언어적 요소를 사용하면 설득의 효과를 배가시킬 수 있지만, 반대로 적절하지 못한 비언어와 반언어의 사용은 아무리 논쟁의 내용이 좋다고 하더라도 설득력이 떨어질 것이다. 예컨대 너무 작은 목소리, 정확하지 못한 발음, 잦은 췌언 등의 사용은 청중들의 호감을 얻기 어렵다. 반대로 바른 자세로 청중들과 자주 시선을 맞추고, 적절한 속도로 정확하게 발언하는 토론자는 그의 주장이 좀 더 신뢰성 있게 느껴지도록 한다.

토론자들이 발언을 잘 하지 않는 10가지 이유

① 주장하기에는 증거가 부족한 경우
② 문제에 관심이 없는 경우
③ 생각을 정리하다 말할 시기를 놓쳐버린 경우
④ 망신이나 당하지 않을까 하는 우려
⑤ 사회자나 의장에 대한 불신감
⑥ 발론을 제기하기 어려운 상황
⑦ 상대에게 밉게 보이지 않으려는 생각
⑧ 조직 내 사정으로 말을 자제하는 경우
⑨ 자신의 발표력이 부족하다는 생각
⑩ 결정하고도 실천하지 않기 때문에 토론이 무의미하다는 생각

(3) 청중 및 판정단의 역할

소속 학생 모두가 토론자가 될 수는 없기 때문에 대다수의 학생들은 청중의 입장이 된다. 그러나 토론에 참여하지는 않더라도 청중들의 역할은 중요하다.

첫째, 토론을 활기 있게 하거나 토론이 산만하지 않게 하는 데 청중들의 자세가 많은 영향을 끼친다. 토론자들이 토론을 진행하는 동안 잡담 소리가 들린다거나, 청중들이 토론을 집중해서 듣지 않는다는 느낌을 받을 때 토론의 긴장감이 떨어질 수밖에 없다. 그렇기 때문에 토론자뿐만이 아니라, 청중들의 자세 또한 평가의 대상이 되어야 하고, 교사는 이를 학습자에게 인지시켜 준다. 토론이 진행되는 동안 잡담을 한다거나, 토론과 관계없는 행동을 하는 청중이 없는지 교사는 수시로 체크한다.

둘째, 사회자뿐만 아니라 청중들도 감정적이고 주관적인 판단은 배제하고 중립적인 입장에서 토론을 지켜보아야 한다. 자신이 가지고 있었던 생각만을 고집하며 듣지 말고 열린 마음으로 다양한 의견이 있음을 경청한다. 객관적인 입장에서 토론자들의 주장이 논리적인지, 근거는 타당한지, 자료의 출처는 명확한지, 토론자들의 자세는 올바른지 등을 유심히 관찰하며 사실과 의견을 구분해서 듣도록 한다.

셋째, 토론이 진행되는 동안 필기를 하며 듣는 것도 좋은 습관이다. 토론자들의 입론, 교차조사, 반박의 내용을 듣고 타당성과 설득력을 평가한다. 토론을 듣다 자신의 의견과

다르다거나, 궁금한 점이 있을 때는 청중 질문 시간을 이용하도록 한다.

마지막으로 토론이 끝난 후에는 토론자들의 좋았던 점과 부족했던 부분을 피드백해 주고, 다른 청중들과 교사의 피드백을 경청하도록 한다. 청중들은 진지하면서도 신중한 태도를 익혀둘 필요가 있다.

(4) 교수자의 역할

토론 진행에 있어 교수자는 토론의 전 과정을 조율하고 지도하는 역할을 해야 한다. 일반적으로 토론이 '논제선정 – 논점 분석 및 자료 수집 – 토론개요서 작성 – 토론하기 – 평가하기'의 단계로 진행된다고 할 때 교수자는 이 모든 과정에서 학생들과 수시로 소통하며 구성원 모두의 참여와 적절한 역할분담으로 토론이 성공적으로 이루어질 수 있도록 지도해야 한다.

우선 논제를 선정하는 단계에서 토론의 논제가 교육적 목적에서 시의성, 공공성, 대립성 등과 같은 조건을 충족할 수 있도록 유도하는 것이 좋다. 주의해야할 것은 논제를 선정하는 데 있어서 가능하면 교수자가 중요하다고 생각하는 주제보다는 학생들이 관심을 가지는 주제를 스스로 선택하도록 하는 것이 필요하다는 점이다. 그래야만 학생들이 책임감을 가지고 토론 준비에 더욱 집중하게 되기 때문이다. 만약 학생들이 제시한 주제들 중에 논제로 삼기에 적절하지 않은 것이 있을 때는 교수자가 적절하게 중재 역할을 해서 적합한 논제로 변형시키는 것도 필요하다.

두 번째 단계인 논점 분석에 들어가기 전에 교수자는 학생들에게 토론에 임하는 마음가짐에 대해 미리 주의를 주는 것이 좋다. 논점을 분석하는 단계에서는 특정한 입장이 어떤 잘못된 근거에서 나오지 않았는지를 비판적으로 검토할 수 있어야하기 때문이다. 우리 사회가 아직 토론문화에 익숙하지 않기 때문에 실제 토론의 과정에서는 수많은 문제들이 드러난다.

그러므로 자신의 주장을 정당화하는데 효과적인 논점을 택하기 위해서, 그리고 토론이 단순한 경쟁이나 말싸움이 아니라 보다 나은 대안을 찾고자 하는 합리적 행위라는 점을 인식하기 위해서 진지한 관심과 성의를 보일 수 있도록 유도해야 한다. 논점이란 논쟁이 내포하고 있는 핵심 쟁점을 말한다. 그리고 논점을 분석한다는 것은 다양하게 얽힌 주장들을 영역별로 구분하고 정리하는 것을 의미한다. 이 단계에서는 무엇보다 분석적인 사고력이 중요하다. 논제에 따라 차이가 있기는 하지만 논점을 단순하고 정확하게 분석하기 위해서는 필요성, 한계, 해결 가능성, 비용, 대안, 절차 준수 등 여섯 가지 물음 가운데 필요한 부분을 단계적으로 제기하고 그에 대한 논거를 찾도록 하는 것이 효과적인데, 이는 자료조사에 걸리는 불필요한 시간과 노력을 줄일 수 있기 때문이다. 이를 위해서는 학생들로 하여금 개별, 혹은 팀별로 논점분석표를 작성하도록 하고, 객관적인 근거를 확보하기 위한 자료조사표에 별도의 목록을 정리하도록 지도하는 것이 유용하다.

논제를 선정하고, 논점을 찾아 분석하고 그에 적합한 자료를 찾아 핵심근거로 삼았다면 이제 이런 작업을 바탕으로 하나의 체계적인 '토론개요서'를 작성하도록 지도한다. 앞서 살펴 본대로 토론개요서는 논점과 근거들을 일목요연하게 제시함으로써 성공적인 토론을 가능하도록 하는 일종의 요점정리라고 할 수 있다. 그러므로 단순히 찾아낸 자료를 모아 놓은 것이 아니라 그것을 논리적 맥락에 따라 분류하고 종합하는 것이어야 한다. 그러므로 이 단계에서는 무엇보다 종합적 사고력이 요구되며, 세부 문제들을 체계적으로 종합하는 연습은 실제 토론에서 당황하지 않고 자신감 있는 주장을 펼칠 수 있는 토대가 된다.

따라서 학생들이 작성한 토론개요서에 대해 팀 별로 사전검토의 시간을 갖고, 토론개요서에 해당 팀의 주장과 그 주장을 지지하는 이유가 분명하게 드러내고, 논리적 관계가 적절한지를 세밀하게 검토한 후 적절한 피드 백을 해주어야 한다. 나아가 상대(팀)이 제시할 것으로 예상되는 주요 주장과 그 근거를 예측하여 미리 그에 대한 반론까지 준비하게 함으로써 자신의 입장뿐만 아니라 상대편의 관점까지 다양한 견해를 종합적으로 이해하여 보다 성숙한 토론이 이루어질 수 있도록 지도한다.

본격적인 토론에 들어가서는 토론 시작에 앞서 토론자들 뿐 아니라 판정단의 역할을 하게 될 청중들을 대상으로 다시 한번 주의를 환기시켜야 한다. 또한 학생들로 하여금 실제 토론이 지금까지 훈련한 것을 마무리하는 과정으로 인식할 수 있도록 강조하는 한편 학생들이 지나치게 기술적 측면에만 빠져들지 않도록 유의하여 지도한다. 경우에 따라서는 교수자가 직접 사회자의 역할을 담당하여 토론을 보다 원활하게 이끌 수도 있다.

마지막으로 평가하기의 단계에서는 청중들의 토론평가지를 수합하고 토론에 대한 총평을 한다. 토론에 대한 총평을 할 때에는 어느 한 쪽의 입장을 두둔하여 굳이 판정을 내리기 본다는 찬반 양팀의 잘한 점을 중심으로 토론에 임했던 학생들을 격려하는 것이 좋다. 일반적으로 제대로 된 준비와 규칙을 거쳐 토론을 경험한 학생들은 토론 전에 비해 해당 논제에 대한 보다 성숙한 인식과 태도를 갖게 되는 경우가 많다. 이러한 성과를 논술문 쓰기 등의 후속 활동과 연계해 토론 후 학생들 스스로 자신의 생각을 정리할 수 있는 기회를 주는 것도 효과적이다.

※ 다음의 내용을 참고하여 적절한 논제를 선정해 토론을 해 보세요.

토론 논제 선정 시 고려해야 할 사항

▲ 사회적으로 이슈가 되는 문제 중 찬성과 반대의 균형 있는 논거 제시가 가능하고 토론의 흥미를 유발하며 원활한 자료수집과 다양한 사례 제시가 가능한 논제

(예시 논제)

- 통화내용 녹취, '을'들의 권리인가, '갑'에 대한 인권침해인가
- 범죄자 신상공개, 확대해야한다
- 원전 폐쇄, 어떻게 해야 하나?
- 기본소득제 도입해야 하나?
- 가난은 국가의 책임인가?
- 종교인 과세, 어떻게 해야 하나?
- 한반도 사드 배치는 이루어져야 하나?
- 죽음, 어떻게 맞이해야 하나? 존엄사법제화 논란
- 동성결혼, 합법화 되어야하나?
- 갈수록 심각해지는 사이버 범죄와 댓글 문화, 인터넷 실명제 재도입해야 하나?
- 특목고와 자사고 폐지해야 하나?
- 대입수능, 상대평가? 절대평가?
- 문이과 통합교육과정 올바른 변화인가?

▲ 청년들의 생활상 또는 공주대학교의 학내 문제 등이 반영되어 적극적인 관심과 참여를 유도할 수 있는 논제

(예시 논제)

- 청년수당제도, 청년들을 위한 약인가, 독인가
- SNS, 과연 인간관계를 풍요롭게 하는가?
- 최저임금 1만원 시대, 과연 국가경제발전에 도움이 되나?
- 국립대 총장 선출 방식 직선제? 간선제?
- 양심적 병역 거부 허용해야 하나?
- 청년구직자, 눈높이를 낮춰야 하는가?

- 생계형 혼전동거, 찬성vs반대
- 스무 살의 절망, 20대의 책임인가? 사회의 책임인가?

▲ 학과 전공의 특성과 연관 있는 사회적 문제를 다루는 논제

▲ 기타 토론의 전통적 논제

- 인간 복제의 문제
- 인간을 위한 동물실험의 문제
- 인공임신중절(낙태)는 허용 여부의 문제
- 사형제 찬반의 문제
- 간통제 부활 문제
- 동성결혼 합법화 문제
- 양심적 병역 거부 허용 문제
- 군병역자 가산점 부여 제도 문제
- 교육 현장에서의 체벌 허용 여부의 문제

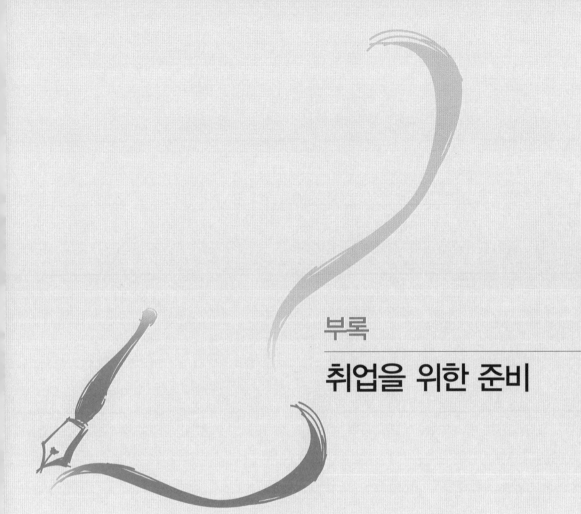

부록

취업을 위한 준비

Ⅰ. 자기 분석

1. 숨은 지능 찾기
   (1) 다중지능이론이란
   (2) 내 재능에 맞는 진로설계
        다중지능검사 및 해석표
2. 마음지도 그리기
   (1) 나를 분석하는 방법
   (2) 성공하는 습관 만들기
3. 내 삶의 이정표, 롤 모델

Ⅱ. 면접 준비

1. 이력서 작성
2. 자기소개서
3. 면접

Ⅰ. 자기 분석

1. 숨은 지능 찾기

(1) 다중지능이론이란?

하워드 가드너의 다중지능이론에서는 인간의 능력이 한 가지가 아니라 누구나 9가지 능력을 가지고 있으며 그 중에서도 다른 사람과 다른 "자신만이 갖고 있는 고유한 능력(profile)"을 지니고 있다는 것이 핵심이다. 다중지능이론에서는 자신의 현재 보유능력, 잠재력, 능력의 핵심을 찾아내어 보다 행복한 자아실현을 목적으로 한다.

다중지능이론에서는 하나의 내가 가진 강점 지능의 중요성뿐만 아니라 다른 지능들의 역할도 중요함을 말한다. 즉 자신의 강점 지능이 보다 더 성숙하고 더 발달성장하기 위해서는 다른 지능의 보조적 지원 기능들이 있어야 보다 더 유기적이고 협응적으로 발달할 수 있다는 것이다. 이를 지능의 '상호작용 또는 상보적 작용'이라고 한다. 마치 지능의 존재와 역할들은 '파이(pie)'와 같다는 것이다.

IQ · EQ와 다중지능은 어떻게 다른가

구분	IQ	EQ	다중지능
주창자	알프레드 비네	피터 샐로비 등	하워드 가드너
탄생시기	1905년	1991년	1983년
탄생배경	정신지체아 선별	IQ에 대한 비판	IQ에 대한 비판
측정대상	기억력, 이해력, 추리력, 계산력 등	인내심, 감정이입 능력 등 정서	IQ+음악 · 자기이해 · 자연관찰 등 8가지 영역
특징	사회 · 정서적 능력 측정 불가	논리 · 수학적 능력 측정 불가	인간의 지적 능력에 대한 폭넓은 이해

자료 : 다중지능연구소

인간의 다양한 지적인 능력(다중지능)은 언어지능, 논리수학지능(논리적 수학적지능), 음악지능, 신체운동지능, 공간지능, 자연지능, 대인지능(대인 간 지능, 사회성지능, 인간친밀지능, 인간친화지능), 자기성찰지능(개인 간 지능, 자기이해지능, 개인내지능), 실존지능(종교적지능, 영적지능, 고차원적 철학지능) 등 9가지 지능발달 영역을 말한다.

강점지능의 형성과 발달을 확인하는 법

자신의 다중지능 강점발달 영역에서 상위 3가지의 지능영역이 중요하다.

그것이 곧 자신의 강점이며, 가장 많이 발달된 영역이고, 잠재력과 역량을 보유한 부분이라고 볼 수 있다. 그런데 가장 중요한 것은, 이 세 가지 영역 중에 강점 순위에 관계없이 [자아설찰지능]은 반드시 포함되어 있어야 한다. [자아성찰지능]은 자신의 강점 지능발달이 확고하게 세워졌다는 것을 의미하기 때문이다. 만약 [자아성찰지능]이 포함되어 있지 않게 나타났다면, 강점지능 발달의 방향에 대해 구체적인 탐색과 체험 등을 통해 방향을 찾아야 한다.

세부적인 강점 능력과 역량을 찾는 법

각 지능의 상위 영역이 발달을 했지만, 보다 구체적인 자신의 능력을 아는 것이 필요하다. 예를 들어, 막연하게 "언어지능"이 좋다고 한다면, 구체성이 떨어져서 언어의 어떤 영역이 좋은지 알 수 없다. 사람마다 다르고, 개인마다 개인특성 차이가 있기 때문에 구체적으로 그 지능의 세부적인 어떤 능력이 나의 강점 능력 부분이 알아야 진로방향 과 진로설계를 할 수 있기 때문이다. 따라서 반드시 해당 지능영역의 세부적으로 어떤 하위의 세부능력이 발달했는지를 찾아야 한다.

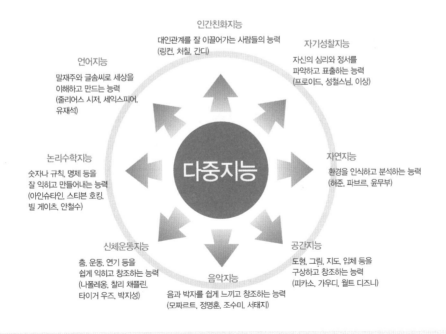

언어지능

- 단어의 의미와 질서에 대한 감수성
- 언어를 사용하여 자신의 정신세계를 표현하고, 타인에게 이해시키는 능력
- 언어에 대한 민감성 능력
- 대인적 언어력(설득 과 협상 능력) : 대인간 협상이나, 자신의 주장을 이해 및 설득을 위하여 언어를 효과적으로 사용하는 능력
- 작문 및 학문적 언어력

논리수학지능

- 언어 와 수리적 논리 추론의 연계성을 파악하고 패턴과 질서를 인식하는 능력 인과관계, 어떠한 수행에 따른 운영과 조직 체계에 대한 원리를 이해하는 능력
- 학교 수학 능력(이론, 이론적 수학 능력)
- 일상 수학 능력
- 전략게임 능력(목표 성취 능력) : 어떤 목표 이상을 이루어내는 능력, 자신의 지식과 기술, 전략을 효과적으로 사용하는 능력
- 일상적 문제의 논리적 해결 능력
- 과학적 사고 능력(탐구 능력) : 학문적 호기심, 세밀한 관찰 과 분석을 잘 하는 능력

음악지능

- 음의 고저, 멜로디, 리듬, 그리고 음색에 대한 감수성 음악에 대해 사고하는 능력으로 패턴을 듣고 인식하고 기억하며, 그것을 조작하는 능력
- 감상력
- 악기 능력
- 가창력
- 작곡 능력(음표 이해 능력)

신체운동지능

- 신체를 기교 있게 사용하거나 빈틈없이 사물을 다루는 능력

전체적인 몸이나 몸의 일부를 사용해 문제를 해결하거나 무언가를 만들어 내는 능력
- 운동력
- 손으로 하는 작업 및 표현적 활동 능력 : 손을 사용하여 기교 있고 기술적으로 다루
  는 능력, 손이나 신체를 사용하여 예술적으로 표현하는 능력

공간지능

- 정확하게 세상을 인식하고 여러 모습을 변형하거나 재창조하는 능력
  자신의 정신세계에 내재된 공간적 세계를 표현하는 능력으로 주로 예술이나 과학에
  사용하는 능력
- 공간 인식력 : 사물 또는 어떤 장소의 방향이나 위치, 공간 속 대상물의 이동, 공간
  의 방향을 정확히 인식하는 능력
- 공간을 통한 예술작업 능력 : 미적인 작업(미술)이나 디자인, 설계 작업 능력
- 대상을 통한 공간적 활동 능력 : 사물들을 구축, 배열, 장식 및 고치는 능력

자연지능

- 환경에 대한 수많은 동식물을 인식하고 분류하는 능력
  자연현상에 대한 감수성뿐만 아니라 생물 사이를 구별해내는 능력
- 동물 민감성 능력
- 식물 민감성 능력
- 환경 민감성 능력 : 환경관련 호기심, 과학적 사고와 분석, 탐구 능력

인간친화지능

- 사람과 관계를 이해하는 능력, 타인을 이해하는 능력
- 사회적 리더십 능력 : 어떤 분야에서 다른 사람들에게 영향을 주는 능력
- 사회적 민감성 능력
- 대인 관련 활동 능력

자아성찰지능

- 자신과 타인을 이해하기 위해 자신의 감정세계를 통해 접근하는 능력

자신에 대해 이해하고, 자신이 누구인지를 아는 능력

- 자신에 대한 인식 및 효능감

- 계산과 메타인지 능력

- 공간적 문제해결 능력(창의력)

- 자아 및 타아 문제해결 능력 :

　사회적 문제 또는 사회적 관계나 상호 조직 간의　만족을 시켜주기 위해
　자아 또는 자신의 지식을 사용하여 문제해결을 해주는 능력

〈다중지능과 학습 양식〉

학습자 양식	특기	학습활동
언어적 학습자	읽기, 쓰기, 이야기 들려주기, 날짜를 기억하거나 어휘를 통해 생각하기 등	단어 읽고 · 듣고 · 알아맞히기, 말하기, 작문, 토론, 논쟁 등
논리/수학적 학습자	수학, 취, 논리, 문제해결, 유형화 등	유형 · 관계 분석, 분류, 유목화, 추상적 사고 등
시각/공간적 학습자	읽기, 지도, 도표 보기, 미로 그리기, 수수께끼, 물체 상상, 영상화 등	그림, 색깔을 통해 학습, 영상과 그림을 통해 시각화 등
음악적 학습자	노래하기, 소리 알아맞히기, 음율 · 리듬 기억하기 등	리듬, 화음, 노래, 음악과 멜로디 듣기 등
신체/운동적 학습자	운동, 춤, 연극, 물건 만들기, 연장 사용하기 등	접촉하기, 움직이기, 신체 감각을 통한 지식 구성 등
대인 관계적 학습자	타인 이해하기, 앞장서기, 조직하기, 대화하기, 분쟁 해결, 물건 팔기 등	참여하기, 비교하기, 관련시키기, 인터뷰하기, 협동 학습 등
자기이해 학습자	자기 이해, 자신의 장단점 파악, 목표 설정 등	개별 학습 선호, 자신의 학습 속도에 의해 학습, 여유, 반성적 사고 등
자연탐구적 학습자	조사, 분석, 관찰, 종합 등	관찰일기, 현장학습 등

자신이 위와 같은 능력들 중에서 다중지능의 어떤 능력이 있는지를 찾는 방법은 자신을 삶과 모습들을 돌아보면서 탐색의 시간과 과정을 통해 찾을 수 있으며, 그 부분에 대한 어려움이 있다면, 다중지능검사 도구를 사용하여 탐색 및 파악하는 것이 자신의 미래 진로설계에 도움이 될 것이다.

(2) 내 재능에 맞는 진로설계

자신의 강점 지능을 찾자

자신의 이해와 탐색과정을 통해 내가 어떤 영역에서 잘하는지를 탐색 및 파악해야 한다. 스스로의 강점 지능영역을 찾기 어렵다면, 다중지능 검사도구를 활용하는 것이 도움이 된다. 나의 강점 지능은, 곧 현재 내가 보유하고 있는 나의 능력이며, 갖춰진 나의 역량 부분이기도 하다.

나의 강점을 활용한 재능설계를 하자

누구나 자신의 강점이 있고, 타고나며 만들어진 재능 영역이 있다. 그 영역은 바로 자신의 다중지능의 강점지능 영역이다. 재능은 사람마다 다르다. 인간은 누구나 9가지 지능을 갖고 있지만, 그 지능 중에 강점지능을 한두 가지 갖고 있으며, 같은 강점지능을 갖고 있는 비슷한 사람이 있다 하더라도 사람마다 개인차이가 있어서 결국 자신만 갖고 있는 재능이 있다는 것이다. 그 재능에 따라 자신의 진로방향을 탐색하고 설계하는 것이 자신만의 독특하고 창의적인 세계를 만드는 출발점이 된다.

나의 재능과 능력을 살리기 위한 전공설계를 하자

나의 강점능력과 재능을 통해 자신이 성장 발달하고, 꿈과 자아실현을 위해 공부할 때 재밌고 즐겁게 공부할 수 있다. 전공설계를 할 때 자신의 강점지능을 높이고 성장할 수 있는 관련 학과를 선택하는 것이 좋으며, 직업을 인생의 수단으로 생각하고 공부의 방향을 선택할 때 합리적인 결정을 할 수 있다.

나의 역량과 능력을 발휘할 수 있는 직업 분야을 탐색하여 직업설계를 하자

자신의 능력과 적성, 재능에 관계없이 경제적인 이유로만 직업을 선택하게 되면, 일 자체가 힘들어지고, 무기력감, 일에 대한 스트레스와 압박을 느낄 수 있다. 직업은 자신이 잘하고, 즐겁게 할 수 있는 것으로 선택할 때 직업 만족감, 직업을 통한 자기계발과 향상, 행복과 안녕을 가져올 수 있다.

나의 능력이 더 성장하고 발달할 수 있는 역량강화개발을 위한 설계를 하자.

자신의 재능과 능력을 개발하고 역량을 강화하기 위해서는 효과적인 계획과 실천이 필요하다. 나 자신을 위해 어떻게 경험과 지식을 쌓을 것이며, 그것이 나의 삶에 어떤 이로움을 줄 수 있는 것인지를 잘 생각해야 한다. 나의 강점 능력을 알고 해당분야의 지식과 기술, 학습과 교육을 연계할 때 나의 역량 발달이 이루어진다.

다중지능검사

한 문항을 오랫동안 생각하지 마세요. 각 문항을 읽고 해당번호를 답안지에 표시하세요.
보기 :   1.전혀 그렇지 않다 / 2.별로 그렇지 않다 / 3.보통이다
　　　　 4.대체로 그렇다 / 5.매우 그렇다.

번호	항 목	1	2	3	4	5
1	취미 생활로 악기 연주나 음악감상을 즐긴다.					
2	운동 경기를 보면 운동선수들의 장단점을 잘 집어낸다.					
3	어떤 일이든 실험하고 검증하는 것을 좋아한다.					
4	손으로 물건을 만들고, 그림을 그리는 것을 좋아한다.					
5	다른 사람보다 어휘력이 풍부한 편이다.					
6	친구나 가족들의 고민거리를 들어 주거나 해결하는 것을 좋아한다.					
7	나 자신을 되돌아보고, 앞으로의 생활을 계획하는 것을 좋아한다.					
8	자동차에 관심이 많고, 각각의 공통점과 차이점을 알고 있다.					
9	악보를 보면 그 곡의 멜로디를 어느 정도 알 수 있다.					
10	평소에 몸을 움직이며 활동하는 것을 좋아한다.					
11	학교 다닐 때 수학이나 과학과목을 좋아했다.					
12	어림짐작으로도 길이나 넓이를 비교적 잘 알아맞힌다.					
13	글이나 문서를 읽을 때 문법적으로 어색한 문장을 잘 찾아낸다.					
14	직장 내 성희롱이 왜 발생하고 어떻게 해결하면 좋을지 알고 있다.					
15	나의 건강 상태나 기분, 컨디션을 정확히 파악할 수 있다.					
16	옷이나 가방을 보면 어떤 브랜드인지 바로 알아맞힐 수 있다.					
17	다른 사람의 연주나 노래를 들으면 어떤 점이 부족한지 알 수 있다.					
18	어떤 운동이라도 한두번 해보면 잘 할 수 있다.					
19	다른 사람의 말 속에서 비논리적인 점을 잘 찾아낸다.					
20	다른 사람의 그림을 보고 평가를 잘 할 수 있다.					
21	나의 어렸을 때 꿈은 작가나 아나운서였다.					
22	다른 사람들로부터 다정다감하다는 소리를 자주 듣는다.					
23	내 생각이나 감정을 상황에 맞게 잘 통제하고 조절한다.					
24	동물이나 식물에 관하여 많은 정보를 알고 있다.					
25	다른 사람과 노래할 때 화음을 잘 넣는다.					

번호	항 목	1	2	3	4	5
26	운동을 잘한다는 말을 자주 듣는다.					
27	회사 생활에서 발생하는 문제를 해결하는 절차와 방법을 잘 알고있다.					
28	내 방이나 사무실을 꾸밀 때, 어떤 재료를 사용해야 하고 어떻게 배치해야 할 지 잘 알아낸다.					
29	글을 조리 있고 설득력 있게 쓴다는 말을 자주 듣는다.					
30	직장 동료나 상사의 기분을 잘 파악하고 적절하게 대처한다.					
31	평소에 내 능력이나 재능을 계발하기 위해 노력하고 있다.					
32	동물이나 식물을 좋아하고 잘 돌본다.					
33	악기를 연주할 때 곡의 음정, 리듬, 빠르기, 분위기를 정확하게 표현한다.					
34	뜨개질이나 조각, 조립과 같이 섬세한 손놀림이 필요한 활동을 잘할 수 있다.				.	
35	물건의 가격이나 은행 이자 등을 잘 계산한다.					
36	다른 사람으로부터 그림 그리기나 만들기를 잘한다고 칭찬 받은 적이 있다.					
37	책이나 신문의 사설을 읽을 때 그 내용을 잘 이해한다.					
38	가족이나 직장 동료, 상사 등 누구와도 잘 지내는 편이다.					
39	내 일정을 다이어리에 정리하는 등 규칙적인 생활을 위해 노력한다.					
40	나는 현재 동식물과 관련된 직업에 종사하고 있다.					
41	어떤 악기라도 연주법을 비교적 쉽게 배운다.					
42	개그맨이나 탤런트, 주변 사람들의 행동을 잘 흉내 낼 수 있다.					
43	어떤 것을 암기할 때 무작정 외우기보다는 논리적으로 이해하여 암기하곤 한다.					
44	새로운 지식을 습득할 때 그림이나 개념 지도를 그려 가며 외운다.					
45	학교 다닐 때 국어 시간이나 글쓰기 시간을 좋아했다.					
46	내가 속한 집단에서 내가 해야 할 일을 잘 찾아서 수행한다.					
47	어떤 일에 실패했을 때 그 원인을 철저히 분석해서, 다음에는 그런 일이 생기지 않도록 노력한다.					
48	동식물이나 특정 사물이 갖는 특징을 분석하는 것을 좋아한다.					
49	빈칸을 주고 어떤 곡을 채워 보라고 하면 박자와 전체 곡의 분위기에 맞게 채울 수 있다.					
50	연기나 춤으로 내가 전하고자 하는 것을 잘 표현할 수 있다.					
51	어떤 문제가 생기면 성급하게 결론을 내리기보다는 여러 가지로 그 원인을 밝히려고 한다.					
52	고장 난 기계나 물건을 잘 고친다.					
53	다른 사람이 하는 말의 핵심을 잘 파악한다.					
54	다른 사람들 앞에서 프리젠데이션이나 연설을 잘한다.					
55	앞으로 어떻게 성공해야 할지에 대해 뚜렷한 신념을 가지고 있다.					
56	환경 문제를 해결할 수 있는 방법들을 많이 알고 있다.					

답안 및 해석

	A 음악	B 신체	C 논리수학	D 공간	E 언어	F 인간친화	G 자기성찰	H 자연친화
번호	1	2	3	4	5	6	7	8
점수								
번호	9	10	11	12	13	14	15	16
점수								
번호	17	18	19	20	21	22	23	24
점수								
번호	25	26	27	28	29	30	31	32
점수								
번호	33	34	35	36	37	38	39	40
점수								
번호	41	42	43	44	45	46	47	48
점수								
번호	49	50	51	52	53	54	55	56
점수								
합계								
환산 점수								

환산점수표

합계점수	7	8	9	10	11	12	13	14	15	16
환산점수	0.0	3.6	7.1	10.7	14.3	17.9	21.4	25.0	28.6	32.1
합계점수	17	18	19	20	21	22	23	24	25	26
환산점수	35.7	39.3	42.9	46.4	50.0	53.6	57.1	60.7	64.3	67.9
합계점수	27	28	29	30	31	32	33	34	35	
환산점수	71.4	75.0	78.6	82.1	85.7	89.3	92.9	96.4	100	

환산점수가 높은 것이 강점이고, 낮은 것이 약점입니다.

1순위	
2순위	
3순위	

A 음악지능 (가수, 작곡가)	특징	1. 소리 패턴에 민감하다. 2. 자주 노래를 흥얼거린다. 3. 리듬에 따라 박자를 맞추거나 몸을 흔든다. 4. 소리들을 쉽게 구별한다. 5. 음에 대한 감각이 좋다. 6. 리듬에 맞추어 움직이는 데 능하다. 7. 박자 변화에 따라 운동 패턴을 조절한다. 8. 음조와 소리 패턴을 기억한다. 9. 음악적 경험을 추구하고 즐긴다.
	잘하는 일	노래, 오페라, 교향곡, 연주, 작곡, 사운드 트랙 등
	직업군	음악가(성악가, 연주가, 작곡가, 지휘자 등) 음악치료사, 음향 기술자, 음악평론가, 피아노 조율사, DJ, 가수, 댄서, 음악 교사, 음반 제작자, 영화음악 작곡가, 반주자, 음악 공연 연출가 등

B 신체운동 지능 (운동선수, 배우, 조각 가)	특징	1. 신체의 좋은 균형 감각을 갖고 있다. 2. 손과 눈의 협동 관계가 좋다. 3. 리듬 감각이 있다. 4. 어떤 문제를 직접 몸으로 접해 보고 해결하려는 경향이 있다. 5. 우안한 움직임을 연출할 줄 안다. 6. 제스처를 통해 전달하는데 능숙하다. 7. 상대방의 신체 언어를 잘 읽어 낸다. 8. 공, 바늘 따위의 도구와 물체를 다루고 조절하는데 빨리, 쉽게 적응한다.
	잘하는 일	운동, 게임, 춤, 연극, 몸짓, 표현, 신체 훈련, 연기, 조각, 조상, 재주 부리기, 보석 세공, 목재 가공 등.
	직업군	안무가, 무용가, 엔지니어, 운동선수, 스포츠 해설가, 체육학자, 외과 의사, 공학자, 물리 치료사, 레크레이션 지도자, 배우, 무용교사, 체육교사, 보석 세공인, 군인, 스포츠 에이전트, 경락 마사지사, 발레리나, 산악인, 치어리더, 경찰, 체육관 관장, 경호원, 뮤지컬 배우, 조각가, 도예가, 사회체육지도자, 건축가, 정비 기술자, 카레이서, 파일럿 등
C 논리수학 지능 (수학자와 007)	특징	1. 다양한 퍼즐 게임을 즐긴다. 2. 수를 가지고 논다. 3. 사물의 작용과 운동 원리에 관심이 많다. 4. 규칙에 바탕을 둔 활동 성향을 가진다. 5. "만일 ~ 라면"이라는 식의 논리에 관심이 있다. 6. 사물을 모으고 분류하는 것을 좋아한다. 7. 분석적으로 문제에 접근한다.
	잘하는 일	컴퓨터 프로그램, 수학적 증거, 흐름도, 대차대조표, 퍼즐 풀이, 의학 진단, 발명, 스케줄, 논리적 명제 등.
	직업군	엔지니어, 수학자, 물리학자, 과학자, 은행원, 컴퓨터 프로그래머, 구매 대리인, 생활 설계사, 공인회계사, 회계 감시원, 회사원(경리, 회계업무), 탐정, 의사, 수학 교사, 과학 교사, 법조인, 정보기관원 등.
D 공간지능 (디자이너, 택시 운 전 사, 큐레이터)	특징	1. 그림 그리기를 잘한다. 2. 시각적인 세부 묘사에 뛰어나다. 3. 사물을 분해하기를 좋아한다. 4. 무엇인가 세우기를 좋아한다. 5. 퍼즐 놀이를 즐긴다. 6. 기계적으로 숙달되어 있다. 7. 이미지로 장소를 기억한다. 8. 지도 해석에 뛰어나다. 9. 낙서를 좋아한다.
	잘하는 일	그림, 줄 긋기, 조각, 지도, 도형, 만화, 계획, 콜라주, 모형, 건물, 미로, 엔진,

		벽화, 영화, 비디오, 사진 등.
	직업군	조각가, 항해사, 디자이너(인테리어, 게임, 헤어, 웹, 무대, 컴퓨터 그래픽 등의 분야), 엔지니어, 화가, 건축가, 설계사, 사진사, 파일럿, 코디네이터, 애니메이터, 공예사, 미술 교사, 탐험가, 택시 운전사, 화장품 관련 직업, 동화 작가, 요리사, 외과 의사, 치과 의사, 큐레이터, 서예가, 일러스트레이터 등.
E 언어지능 (시인에서 개 그 맨 까 지)	특징	1. 질문, 특히 "왜?"라고 묻는 유형의 질문을 자주한다. 2. 말하기를 즐긴다. 3. 좋은 어휘력을 가지고 있다. 4. 두 가지 이상의 외국어를 구사하기도 한다. 5. 새로운 언어를 쉽게 배운다. 6. 단어 게임, 말장난, 시 낭송, 말로 다른 사람 웃기는 일 등을 즐긴다. 7. 책 등을 읽는 것을 즐긴다. 8. 다양한 종류의 글쓰기를 즐긴다. 9. 언어의 기능을 잘 이해한다.
	잘하는 일	소설, 연설, 신화(전설), 시, 안내서, 잡지, 주장, 농담, 글자 맞추기, 각본, 계약서, 논픽션, 이야기, 신문, 연극, 논쟁, 재담 등
	직업군	작가, 사서, 방송인, 기자, 언어학자, 연설가, 변호사, 영업사원, 정치가, 설교자, 학원 강사, 외교관, 성우, 번역가, 통역사, 문학 평론가, 방송 프로듀서, 판매원, 개그맨, 경영자, 아나운서, 시인, 리포터 등
F 인간친화 기능 (CEO, 사회 운동가, 영 업사원)	특징	1. 다른 사람에 대한 감정 이입이 뛰어나다. 2. 또래들 사이에서 인기가 높다. 3. 또래나 나이가 더 많은 사람이나 똑같이 잘 사귄다. 4. 리더십을 보여준다. 5. 다른 사람과 협동하여 일하는 데 능숙하다. 6. 다른 사람의 느낌에 민감하다. 7. 중개인이나 카운슬러 역할을 자주 한다.
	잘하는 일	집단 작업, 연극, 대화, 운동, 클럽, 단체 행동, 단체 지도, 합의 결정 등
	직업군	사회학자, 학교 교장, 정치가, 종교 지도자, 사회 운동가, 웨딩 플래너, 사회 단체 위원, 기업 경영자, 호텔 경영자, 정신과 의사, 카운슬러, 법조인, 배우, 이벤트 사업가, 외교관 정치가, 호텔리어, 방송 프로듀서, 간호사, 사회복지사, 교사, 개인 사업가(상업, 중소기업), 회사원(인사관련), 영업 사원, 개그맨, 유치원이나 어린이집 교사, 경찰관, 비서, 가정 방문 학습지 교사, 승무원, 판매원, 선교사, 상담원, 마케팅 조사원, 컨설턴트, 펀드 매니저, 교육 사업가, 관광 가이드 등

G 자기 성찰지능 (철학자, 기업가, 성직자)	특징	1. 특정한 활동에 대한 좋고, 싫음이 분명하며 그것을 잘 표현한다. 2. 감정 전달에 뛰어나다. 3. 스스로의 강점과 약점을 명확히 인식한다. 4. 자신의 능력을 확신한다. 5. 적절한 목표를 설정한다. 6. 야심을 가지고 일한다.
	잘하는 일	시, 일기, 예술 작업, 자기반성, 목표, 자서전, 가족사, 종교 활동 등.
	직업군	신학자, 심리학자, 작가, 발명가, 정신분석학자, 성직자, 작곡가, 기업가, 예술인, 심리 치료사, 심령술사, 역술인, 자기 인식 훈련 프로그램 지도자 등.
H 자연친화기능 (의사, 조리사, 조련사)	특징	1. 새, 꽃, 나무 등 동식물에 관심이 많다. 2. 동식물의 습성과 생리에 깊은 관심을 보인다. 3. 인공적인 환경보다 자연적인 환경을 선호하는 편이다. 4. 자연물의 관찰에 상당한 시간을 할애한다. 5. 곤충, 파충류 등에 대한 혐오감이 상대적으로 덜하다. 6. 화분 등의 관리에 남다른 열정이 있다.
	잘하는 일	조개껍질이나 꽃잎 등의 두드러진 개인적 컬렉션, 자연 사진, 곤충이나 애완견, 가축에 대한 관찰 메모, 동식물 스케치 등.
	직업군	유전 공학자, 식물학자, 생물학자, 수의사, 농화학자, 조류학자, 천문학자, 고고학자, 한의사, 의사, 약사, 환경 운동가, 농장 운영자, 조리사, 동물 조련사, 요리 평론가, 식물도감 제작자, 원예가, 약초 연구가, 화원 경영자, 생명공학자, 생물 교사, 지구 과학 교사, 동물원 관련 직종 등

2. 마음지도 그리기

진지한 나를 생각해 볼 수 있는 시간을 가져 보자. 다음의 질문은 지금 당장 대답하기 어려운 것도 있을 것이다. 하지만 내 진심을 알아보는 데는 도움이 될 것이다.

- 나는 행복한가?
- 어느 날 잠에서 깨어났을 때 마음속 깊이 간직했던 꿈들이 모두 이루어졌다면, 내 인생은 어떤 모습일까?
- 어렸을 때 내가 특별히 어떤 사람이 되고 싶다든가, 하고 싶은 일은 무엇이었는가?
- 내가 진실로 무엇을 원하고 있는지 알고 있는가?
- 나는 다른 사람들과 또는 의미 있는 공동체와 늘 관련을 맺고 있다고 느끼는가?
- 나에게는 내가 누구인지 깨닫고, 내가 하는 일이 보람있다고 느끼게 하는 목적의식과 방향감각이 있는가? 아니면 이런 느낌을 표현할 단어가 따로 있는가?
- 내 인생에는 모험과 위험의 요소가 충분한가?
- 중대한 도전에 부딪혔을 때 나만이 취할 수 있는 특별한 방법은 무엇인가?
- 내 인생에서 겪은 실패는 혼자 힘으로 일어서는 능력에 어떤 영향을 미쳤는가?
- 나는 너무 쉽게 포기하지는 않는가?
- 내가 가장 두려워하는 것은 무엇이며, 그 이유는 무엇인가?
- 나는 내가 닿을 수 있다고 느끼는 그곳에 닿기 위해 계속 전진하다가 그 길에서 또 다른 장애물에 부딪히지는 않았는가? 어떤 식으로 일이 전개되는지 정확하게 묘사해 보자. 그 패턴은 어떤 식으로 되풀이 되는가? 그렇게 반복되는 패턴을 영화나 노래로 묘사한다면 어떤 제목이 어울릴까?
- 하루를 돌아봤을 때 나를 가장 좌절하게 만드는 것은 무엇인가?
- 하루를 돌아봤을 때 나에게 가장 중요한 일은 무엇인가?

(1) 나를 분석하는 방법

① 마인드맵

마인드 맵은 토지 부잔이 창안한 방법이다. 아이디어나 생각을 종이에 적어나가는 전통적인 방식에서 벗어나 한 중심이 되는 생각을 한 가운데 놓고, 방사형으로 주가지, 부가지, 세부가지로 뻗어 나가며 생각의 지도를 작성하는 방식이다. 마인드맵은 단어나 선,

색, 이미지 등을 이용해 두뇌를 자극할 수 있으며 중심 생각을 축으로 멀리멀리 생각을 전개시켜 나갈 수 있다. 사고의 과정을 머릿속에 그려보는 과정을 통해 정보에 의미를 부여하고, 사고의 영역을 넓히며 기억력 또한 높일 수 있다는 장점이 있다. 그림을 통해 한 눈으로 사고의 과정을 살필 수 있어 나를 알아 가는 과정 및 나를 찾아내는 과정으로 좋은 방법이다.

– 그리는 방법

　주가지는 두껍게, 부가지는 가늘게 그린다.

　글자는 가지 위에 쓴다.

　주가지별로 같은 색을 사용한다.

　이미지를 많이 그린다.

　핵심어는 낱말로 쓴다.

마인드맵 그리기

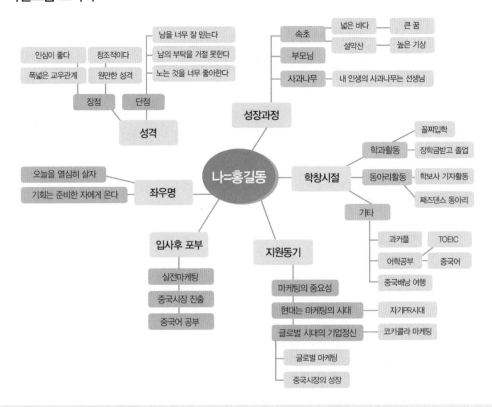

② 포스트잇 기법

언제 어디서나 편리하게 쓸 수 있으며 짜투리 시간도 효율적으로 활용할 수 있도록 만든다. 아이디어는 규칙적으로 떠오르지 않으므로 그때그대 떠오르는 생각들을 바로바로 포스트잇을 사용하여 정리해 두고, 다시 또 다른 내용을 덧붙이다 보면 어떤 방법보다 빠르고 효율적으로 아이디어를 완성시킬 수 있을 것이다.

– 진행 방법

포스트잇과 필기구를 준비

1. 떠오르는 생각들을 포스트잇에 적는다.
2. 주제별로 포스트잇을 정리한다. 포스트잇은 주제에 다라 배열을 달리해도 떼었다 붙였다를 반복할 수 있어 편리하다.
3. 메모를 연결하여 정보를 정리하고 부족한 정보를 체크, 새로운 아이디어 첨가할 수 있다. 또한 단어나 짧은 문장으로 적었다면 덧붙여 문장으로도 정리할 수 있다.
4. 정리, 재구성하여 한편의 글, 또는 아이디어를 완성할 수 있다.

③ 마인드맵 또는 포스트잇 기법을 통해 발견한 나를 swot을 통해 정리해 보자.

SWOT

strength(강점) 나의 장점 또는 강점은?	weakness(약점) 나의 단점 또는 약점은?
opportunity(기회) 내게 주어진 기회, 또는 내가 잡을 수 있는 기회는?	threat(위협) 내 삶에서의 위협은?

(2) 성공하는 습관 만들기

- '나는 그걸 하지 못해'라거나 '나는 그걸 할 만큼 훌륭하지 못해'라는 식의 부정적인 독백
- 형편없는 자존심, 자신감
- 스스로를 보잘것 없는 존재로 여기거나 멋진 결실을 누릴 만한 가치가 없는 조재라고 느끼는 감정
- 낮은 기대감
- 삶에서 중점을 두는 사항들이 뒤죽박죽 엉켜 혼란스러운 상황
- 명확하지 않은 가치관
- 지리멸렬함
- 꾸물거림
- 성공에 대한 불안
- 실패에 대한 걱정
- 결정을 내리는 것에 대한 두려움
- 타인을 비난하거나 자신의 처지를 비관
- 핑계를 대고, 그 핑계를 진실로 믿음
- 압박, 경쟁 또는 불편한 일들을 회피
- 죄책감
- '나의 결정이 잘못되지는 않았을까'하는 두려움
- 나에게 필요한 것과 내가 진정 원하는 것이 무엇인지를 자신에게 묻는 것에 대한 두려움
- 도움을 청하는 것을 꺼림
- 지나치게 고립되어 있거나 나의 생각과 감정을 다른 사람과 나누지 않음
- 열악한 조건이나 대우에 지나치게 관대함
- '다른 사람들이 나를 어떻게 생각할까'하는 두려움
- '아니요'라고 말하지 못함
- 내가 시간을 보내는 방식에 대해 누군가가 강력한 의견을 제시하며 영향력을 행사함
- 나에게 정말로 필요한 것을 맨 마지막 순서에 놓음
- 자기기만

- 고쳐야 할 점이 있다는 사실을 부정함
- 나를 믿지 않는 사람들과 시간을 보냄
- 다른 사람들이 나를 악용하도록 내버려 둠
- 스스로 희생적이고 수동적이며 무기력하다고 느끼면서도 사태를 개선하기 위해서 할 수 있는 일은 아무것도 없다고 생각함

여러분이 성공하는 삶을 살고 싶다면 이 사항은 여러분을 파괴하는 가장 무서운 적이다. 이런 부정적인 사고는 인생의 문제에 봉착하게 되면 무기력을 느끼게 하고 많은 것을 얻지 못해도 슬퍼하거나 비통해하거나 화를 내지 않으려고 스스로를 달랜다. 그러면 절대 앞으로 나아갈 수 없다. 실패는 성공의 어머니라는 말은 실패에 좌절하지 않고 일어서는 사람에게만 해당하는 말이다.

3. 내 삶의 이정표, 롤 모델

누구의 삶을 모방할 것인가?

대학 생활은 나의 미래를 준비하는 중요한 시간이다. 나의 삶을 계획해 보자. 그것은 롤 모델을 찾고 그 의미를 발견하는 것에서부터 시작한다. 롤 모델(Role model, 역할 모델)은 어떤 한 사람을 정해, 그 사람을 표본으로 정하여 성숙할 때까지 자신의 모델로 삼는 것을 말한다. 이는 자기 발전을 위해 등대를 세우고 이를 향해 나아가는 것과 같다.

미래는 현재에 의해 만들어진다. 롤 모델은 미래의 나를 만들어 나가기 위해 현재 무엇을 어떻게 해야 할 것인가를 생각하는 데 중요한 단서를 제공한다. 때론 삶의 방향을 결정하는 중요한 계기가 되기도 한다.

자기계발서가 시중에 넘쳐나고 있고 인생성공에 관한 책들이 밀려오고 있다. 우리는 이것을 성공한 사람들의 '삶이나 방법을 본뜨는 작업'이라고 부르고 있는데 이제는 그저 방법만을 본뜨는 행동으로는 소기의 목적을 달성하기가 더 어려워지고 있는 것이 문제이다. 그저 목표를 가져야 하고, 긍정적인 마인드가 필요하고, 어떤 의사결정이 도움이 도는지 등에 관한 총론적인 접근이 아니라 자신이 또는 내가 어떻게 해야 할 것인지를 찾아내는 각론적이고 구체적인 접근이 필요한 때다. 즉, "나와 같은 상황에 처해 있는 사람들이 겪

는 어려움과 위기를 어떻게 극복했을까?", "나 자신을 반전시키기 위해서 어떤 믿음을 가져야 하며, 또 어떤 방법들을 동원했을까?", "어떤 능력과 기술이 다른 사람들과의 차이를 만들어 냈을까?", "나와 같은 직무에서 경력경로는 어떻게 설정했으며, 어떤 과정을 거쳤을까?" 등 자신이 가지고 있는 구체적인 궁금증을 해결해 줄 수 있는 것이어야 한다는 말이다.

문제는 어떻게 하면 나와 비슷한 상황에 처해 있는 사람을 찾을 것인가이다. 이 역시 쉽지 않은 일이다. 전공과 나의 경력 그리고 나와 비슷한 상황에 있는 사람들이 나름대로 성공했다는 사람을 찾아서 소위 말하는 맞춤식 훈련을 받는 것이 소위 '멘토링'이라는 제도이다. 하지만 많은 직장인들이 경우 이러한 전문적인 교사를 조직내에서 찾기가 어려울 뿐더러, 찾았다 하더라도 내가 원하는 대로 마음대로 지정해서 배울 수도없는 일이다. 오히려 자신이 직무에서 성공하는 일보다 멘토를 선정하는 일이 더 어려울지도 모르는 상황이 생길 수 있기 때문이다. 내가 원하는 스승이 내 직장에서는 존재하지 않고, 또 존재한다 하더라도 내가 필요할 때 내가 원하는 답을 받을 수 있는 상황이 아니기 때문이다.

이러한 문제를 해결하는 방법은 내가 메토로 삼을 만한 능력과 믿음이 있는 사람을 사회에서나 길거리에서 직접 찾아내는 방법과 간접적으로 찾아내는 방법 두 가지가 있다. 많은 사람들이 인스턴트식품과 같이 바로 써먹을 수 있는 직접적인 방법을 많이 사용하고 있는데 이는 이미 성공을 경험한 사람들을 찾아 그들이 처한 상황, 그들의 믿음, 가치관, 성공전략 등을 책과 같은 정보를 통하여 간접적으로 구하는 방법이다. 어떤 쓰기 위해서는 최소한 100권에서 200권 정도의 책을 읽어야 하기에 그 책 안에는 최신의 정보나 지식 그리고 저자들의 노하우를 종합해 놓은 종합비타민과 같은 책들이 많이 있다. 이러한 것을 두고 '책에 길이 있다'고 하지 않았나 생각된다.

자신이 성공하기 위해서 또는 자신의 분야에서 최고의 전문가가 된다는 일이 누구나 쉽게 할 수 있는 일이라면 우리 주변의 모든 사람들이 성공했거나 이미 최고의 전문가가 되었을 것이다. 하지만 우리 주위를 둘어봐도 성공한 사람과 성공하지 못한 사람으로 나뉘는 것을 보면 누구나 쉽게 할 수 있는 일은 아닌 것은 틀림없다. 그렇다면 성공한 사람들은 그렇지 못한 사람과 어떤 차이를 보여준 것일까? 이러한 차이를 중심으로 중점적으로 살펴보고자 한다.

첫째, 자신의 분야에서 성공을 한 사람은 자신의 재능을 '한곳에 집중'하는 집념을 가지고 있다는 점이다. 집중해야 한다는 것은 누구나 알고 있지만 문제는 '얼마만큼의 집중력'

을 가져야 하는지에 관한 '정도의 문제'이다. 한 분야를 향해 조절된 집중력은 레이져 광선과 같아서 우리를 가로막고 있는 어떤 장애물도 뚫고 나갈 수 있는 힘을 가지고 있는 반면 그저 그런 태양의 빛은 그저 모든 세상을 따뜻하게 비출 수 있을 뿐이다. 어떤 분야의 전문가가 되고자 할 때 그 분야에서 자신을 돋보이게 하는 '집중하는 방법'을 개발해야 한다.

둘째, 긴급히 하지 않으면 안 될 목표를 가져라. 많은 성공한 사람들의 공통점 역시 분명한 목표의식을 갖고 있다는 점은 삼척동자도 다 아는 상식이 되어 버렸다. 모두가 잘 알고 있는 목표를 가졌는데도 어떤 사람은 성공하고 어떤 사람은 성공하지 못하는가? 이는 같은 목표를 어디에다 초점을 맞추고 또 그것을 어떻게 받아들이고 있느냐의 문제이다. 그냥 "목표를 가져라"가 아닌 "긴급히 하지 않으면 안 될 목표"를 가지고 있느냐의 차이이다. 비슷한 표현을 두고 말장난을 하는 것같은 느낌이 드는 사람들도 있을 것이다. 목표를 가지는 것에 초점이 주어진다면 누구나 목표를 가지기만 하면 성공할 수 있을 테지만 바로 실행해야 할 '이유나 명분이 있는 목표'가 더 필요하다는 말이다.

셋째, 성공한 사람들에게 강력한 힘을 불어 넣어준 "가치관"을 찾아내라. 우리가 진정으로 인생에서 성공할 수 있는 하나의 방법은 인생에서 가치가 있다고 여기는 것이 무엇인지를 생각하고, 제일 중요한 것이 무엇인지를 알아내는 것, 그리고 매일 가치관을 위해 살아가는 것이다. 인생에서의 가치관은 성공여부를 결정짓는 바로 미터가 되기도 하고 성공인생의 방향을 잡아주는 나침반이 되기도 한다. 누구나 한번쯤은 명언이나 유명한 사람들의 가치관에 관한 말을 들어 보았을 것이지만 이 역시 나에게 직접 적용하기가 쉽지 않은 것이 문제다. 많은 사람들이 이러한 가치관을 접하기는 하지만 자기 것으로 만드는 데 소홀하다는 것이다. 그저 좋은 이야기이려니 하고 듣는 것과 자신의 상황과 연결해서 자신의 가치관을 만들어가는 것은 다르기 때문이다.

결국 역할모델에서 중점을 두고 배워야 할 것은 성공한 사람들의 가치관이 어떤 것이며, 또 우리가 가지고 있는 잘못된 가치관이 무엇이며, 이를 바꾸기 위해서 어떻게 해야 하는지를 배우는 일이 필요하다는 말이다. 많은 역할모델들을 선정해서 따라 하기도 하고 거기에서 시사점을 얻으려고 많은 노력들을 하고 있지만, 성공하기가 힘든 이유는 바로 기본바탕인 '가치관' 문제라는 생각에서다.

-공선표, 「전문분야의 role model에서 차이점을 발견하라」에서

1. 이청준의 「줄」을 읽고 삶의 가치관에 대해 토론해 보자.

(전략)

허노인이 줄을 타는 모습은 정말 아름다웠다. 천장 포장을 걷어 젖히고, 넓은 밤하늘을 배경으로 허노인은 흰옷에 조명을 받으며 줄을 건너는 것이었는데, 발을 움직이는 것 같지도 않게 그냥 흘러가듯 조용히 줄을 건너가는 노인의 모습은 유령 같기도 하고 어떤 때는 그냥 땅 위에서 하품을 하고 있는 것 같기도 했다. 이상한 것은 그렇게 줄을 타는 허노인이었지만 줄에서 내려오면 그의 온몸은 언제나 땀에 흠뻑 젖어 있곤 했던 것이었다. 그리고 단장은 그런 허노인의 줄타기를 몹시도 싫어했다.

— 구경꾼 놈들의 간덩이를 덜컹덜컹 내려앉게 해주란 말야. 재주를 좀 부려, 재주를.

단장은 허노인을 매번 나무랐다. 허노인은 얼굴이 파랗게 질려서 대꾸도 못 하고 땀만 뻘뻘 흘리다간 단장 앞을 힘없이 물러나오곤 했다. 그러나 그 다음날도 허노인은 여전히 전처럼 줄을 타는 것이었다. 운은 누가 뭐래도 허노인이 그렇게 줄을 타는 것이 좋았고, 자기도 그렇게 줄을 탈 수 있기를 바랐다. 그러던 어느 날 밤, 그러니까 운이 허노인에게 두 번째로 소원을 말하고 나서 1년쯤 지났을 때였다. 줄 위에서 그렇게 유연하던 노인의 발길이 한 번 변을 일으켰다. 딱 한 번, 발길이 가볍게 허공을 차는 듯한 동작을 하더니 줄이 잠시 상하 반동을 했다. 허노인은 가만히 몸을 지탱하고 있다가 곧 다시 줄을 건너갔다. 누구도 그것을 실수로 생각한 사람은 없었다. 객석에 눈을 두고 있던 단장은 거기서 일어나는 무의식적인 함성에 놀라 하늘을 쳐다보았으나 줄이 상하로 조금씩 움직이는 것 밖에 무슨 일이 일어났는지조차 알 수 없었을 정도였다.

(중략)

나는 줄 위에 있는 운이 아니라 무섭도록 줄을 쏘아보고 있는 노인의 눈과 땀이 송송 솟고 있는 이마를 보고 있었습니다. 그런데 노인은 갑자기 "이놈아!" 하고 벽력같은 소리를 지르면서 줄 밑으로 내닫는 것이 아니겠습니까. 그때야 나는 줄 위를 쳐다보았지요, 그런데 운은 그 소리를 듣지 못한 것처럼 그냥 줄을 건너가고 있었습니다.

— 이놈…… 너는 이 아비의 말도 듣지 않느냐?

하고, 줄을 내려왔을 때 노인이 호령을 했으나, 운은 역시 어리둥절해 있기만 했어요. 내가 놀란 것은 그때 허노인이 빙그레 웃었다는 것입니다. 그리고 부자는 그 길로 곧 함께 주막 술집을 찾아들어갔습니다."

사내의 이야기는 다시 계속되었다.

그 날 주막에서 허 노인은 운에게 술잔을 따라 주고, 그 날 밤으로 운을 줄로 오르라고 했다.

— 줄 끝이 멀리 멀리 보여서는 더욱 안 되지만 가깝고 넓어 보여서도 안 되는 법이다. 그 줄이

라는 것이 눈에서 아주 사라져 버리고, 줄에만 올라서면 거기만의 자유로운 세상이 있어야 하는 게야. 제일 위험한 것은 눈과 귀가 열리는 것이다. 줄에서는 눈이 없어야 하고 귀가 열리지 않아야 하고 생각이 땅에 머무르지 않아야 한단 말이다.

노인은 조용조용 당부를 했다. 그 한 마디 한 마디는 마치 노인의 일생을 몇 개로 잘라서 압축해 놓은 듯한 무게와 힘과, 그리고 알 수 없는 깊이를 지니고 있었다. 자기의 전 생애를 운에게 떠넘겨 주려는 듯한 안간힘이 거기에는 있는 것 같았다.

— 아버지, 이젠 줄을 그만두시고 좀 쉬십시오.

운이 말했으나 노인은 조용히 머리를 가로저었다.

— 줄에서 내 발바닥의 기력이 다했다고 다른 곳을 밟고 살겠느냐? 같이 타자.

그 날 밤, 줄에는 두 사람이 함께 올라섰다. 운이 앞을 서고 허 노인이 뒤를 따랐다.

운이 줄을 다 건넜을 때는 객석이 뒤숭숭하니 난장판이 되어 있었다.

뒤를 따르던 허 노인이 줄에서 떨어져 이미 운명을 하고만 뒤였다.

(중략)

"하여튼 그렇게 해서 나는 운이 여자를 만나게 해 주었는데, 여자를 만나고 와서도 운은 별로 달라진 게 없더라는 말입니다. 그런 일이 한 주일쯤 계속되었지요. 그런데 갑자기 운이 줄 위에서 재주를 피우기 시작했단 말이에요. 단장이나 구경꾼들은 무척들 좋아했지요. 하지만 나는 옛날 허 노인의 실수를 기억하고 있었던 만큼 그게 불안했습니다. 몇 번씩 그런 재주 같은 동작을 하고 줄을 내려온 운은 유독이 땀을 많이 흘리고 있었고, 단장의 칭찬에도 넋 나간 눈만 하고 있었거든요. 그런 나의 생각이 옳다고 단정할 수는 없겠지만, 그렇게 생각할 수밖에 없는 일이 있었어요. 운이 자꾸 귀와 눈을 때리면서 혼자 중얼중얼하는 것이었습니다. 못 견뎌 하는 얼굴이었어요. 허 노인이 운에게 당부했다는 말이 생각났습니다. 그런데 사람들은 함성들을 지르고 좋아들 했거든요. 불행한 일이었지만, 내 생각이 옳았다는 것은 곧 증명이 되었어요. 어느 날 밤, 줄을 타고 내려온 운은 또 공원으로 갔고, 우리는 나머지 순서와 곡예에 곁들인 연극까지 끝내고 났을 때예요……."

구경꾼이 막 자리를 일어서려는 참에 어디서 나타났는지 운이 사례 인사를 끝내고 섰는 무대 위의 단장 앞으로 나섰다.

— 오늘 밤 한 번 더 줄을 타겠습니다.

— 아니, 왜?

단장이 의아해서 운을 쳐다봤다. 그러나 단장은 다시 아무 말도 못하고 운에게서 눈을 피했다. 운의 눈에서는 무서운 불길이 일고 있었다. 그 눈은 단장을 보고 있지도 않은 것 같았다. 단장은 한 번 더 줄을 타겠다는 운의 말이 정말이라고 생각했다. 그리고 운은 이미 자기의 대답을 기다리고 있는 것이 아니라고 생각했다. 그는 운을 비켜섰다. 운은 그대로 천천히 걸어가서 그 높은 항목을 한 번 눈이 부신 듯이 쳐다보고는 이내 그것을 기어오르기 시작했다. 단장은 잠시 고개를 갸웃이 기울이고 운의 거동을 살피고 있다가 갑자기 입술에 침을 바르고 마이크를 힘껏 거머쥐었다.

— 여러분, 앉으십시오. 오늘 밤 여러분의 성원에 감사하기 위해서 우리 서커스 단의 프로 중의 백미를 다시 한 번 여러분께 보여 올리겠습니다. 그것은 즉 보시다시피 인간의 승천(昇天)

입니다. 인간의 승천! 얼마나 아름다운 광경입니까! 우리 단(團)이 아니면 보실 수 없는 진귀한 구경거리입니다…….

"그 날 밤, 운은 떨어져 죽었습니다."

"한데, 그 날 밤 운은 왜 그렇게 이상한 행동을 했을까요?"

"네, 혹시 그 말씀에 해답이 될 수 있을지 모르겠습니다마는, 운이 만나던 그 여자의 이야기를 마저 해 드리겠습니다. 그 날 밤 나는 아무래도 공원에서 무슨 일이 있었으리라는 예감이 들었어요. 대강 일이 정리되었을 때 공원으로 올라가 보았습니다. 공원이래야 선생님도 보셨겠지만, 지금과 마찬가지로 그땐 벌써 고목이 다 된 벚나무 사이에 촉수 낮은 전등을 몇 개 매달아 놓고, 군데군데 녹색 페인트 칠을 한 걸상들이 놓여 있을 뿐이었습니다. 그 걸상 하나에 여자는 내가 올라갔을 때까지 아직 말도 못하고 벌벌 떨고 있었어요. 운이 여자의 목을 졸라 죽이려다 말고 공원을 내려갔다는 것이었습니다. 그 며칠을 통해 운이 여자에게 한 말을, 여자는 전부 기억하고 있었습니다. 그럴 수밖에 없는 것이 운의 말은 불과 다섯 마디도 되지 못했으니까요. 물론 사랑은 배워서 말로 하는 것만은 아니니까, 배우지 않고도 아는 방법으로만 그는 여자를 사랑했겠지요. 마지막 날 이야기가 이랬다고 합니다. 갑자기 운이 여자를 끌어안고서,

— 난 이제 줄을 탈 수가 없다. 넌 나하고 같이 살아야 한다.

운은 마치 줄에서 내려왔을 때처럼 땀을 흘리고 있더랍니다. 그런데 여자는 운이 그렇게 가까이만 있으면 언제나 무서워 말도 할 수가 없었다고 해요.

— 전 당신을 사랑하고 있지 않아요.

— 그럼? 그럼?

운은 미친 사람처럼 여자를 안은 팔에 바싹 힘을 주었습니다.

— 줄을 타고 계실 때, 그 땐 그런 것 같았는데, 이렇게 옆에만 오시면……무서워요.

— 아야, 이젠 난 줄을 탈 수가 없는데…….

그러고는 두 사람은 한동안 말이 없었는데, 운의 손이 천천히 여자의 목으로 올라오더니 조금 있다가 그 손은 경련이 난 듯 여자의 가는 목을 조르기 시작하더랍니다. 여자는 별로 반항도 하지 않고 걸상에 쓰러졌는데, 운은 무슨 생각을 했는지 또 갑자기 손을 놓아 버리고는 일어서더라는 것이었어요. 그리고는 혼자 중얼중얼하고 있었다고 합니다.

— 아버지는 어머니를 죽이고 다시 줄을 탈 수 있었지만, 아아……나는…….

그러다가 운은 산을 내려가 버렸답니다."

(후략)

- 이청준의 「줄」 중에서

2. '허노인'과 '운'은 어떤 삶을 추구했던 것인지 이야기해 보자.

3. 자신의 가치롭다고 생각하는 삶의 방식을 지닌 롤 모델을 선정하여 발표해 보자.

Ⅱ. 면접 준비

다음 기사문을 읽고 취업 준비에 필요한 이력서와 자기소개서 작성법에 대해 알아보고 면접의 유형과 유형에 따른 면접 방법 및 전략에 대해 알아보자.

우리은행은 2016년부터 학력·연령 등 공채 자격 요건을 폐지했다.

입사지원서에 자격증, 어학점수 항목을 없앴다. 또 100% 블라인드 면접으로 직무특성에 맞는 인재를 선발한다. 이광구 우리은행장은 "청년 일자리 확대에 앞장서고 우수인재 선점을 위해 남보다 한발 빠른 채용을 결정했다"고 말했다. "스펙을 따지지 않고 우리은행 인재상인 올바른 품성, 원칙과 상식에 바탕을 둔 최고 금융전문가가 될 수 있는 인재를 선발할 계획"이라는 설명이다.

우리은행의 채용 절차는 서류전형→1차 면접(실무진 면접) 및 인적성검사→2차 인성면접(임원면접) 총 4단계다.

스펙 걱정 'NO'…내실 키워야

우리은행 채용의 가장 큰 특징은 토익 점수, 자격증과 같은 이른바 스펙이라 불리는 지표를 중요하게 생각하지 않는다는 것이다. 우대하는 자격증은 따로 없다. 학점은 적어서 내지만 토익 점수와 보유 자격증을 적지 않는 100% 블라인드 방식으로 직원을 뽑는다.

단 중국어·베트남어·태국어·필리핀어·러시아어·캄보디아어·인도네시아어·몽골어·네팔어 등의 제 2외국어 능력자는 우대한다. '글로벌 뱅크'를 지향하기 때문이다. 우리은행은 국내 은행 중 가장 많은 해외 점포를 운영하고 있다(253개). 우리은행 관계자는 "나이와 대학 졸업 시기도 직원 선발에 전혀 영향을 주지 않는다"고 말했다.

서류 심사 : 자소서 두괄식 작성 중요, 오타 없이 문단 잘 나눠야

우리은행의 자기소개서(자소서)를 쓸 때는 6가지 원칙을 기억하는 것이 좋다. ①구체적인 사례 위주로 ②문단을 나누고 제목을 달아서 ③정해진 분량의 최소 70~80%는 써야 한다. ④실수로 다른 회사 이름이나 다른 회사 슬로건을 사용할 경우 가차없이 탈락시킨다. ⑤오타가 있는지 철저히 체크해 ⑥중요한 내용을 앞에 쓰는 이른바 두괄식 문장을 써야 한다.

우리은행 관계자는 "성장과정이나 막연한 나열 방식의 자소서보다는 구체적 사례위주의 자소서가 높은 점수를 받는다"고 했다. 그는 또 "쓰라는 분량의 40% 이상을 채우지 못한 자소서는 검토하지 않는다"고 덧붙였다. 은행은 "지원자의 90% 이상이 오타 없는 자소서를 낸다"고 밝혔다. 오타를 쓴 10%는 합격하기 힘들다는 의미다. 또 우리은행의 사업조직이나 비전을 나열식으로 쓰는 것보다는 지원자 본인의 경험 위주 자소서를 작성하는 것이 필요하다.

우리은행 관계자는 "채용 담당자는 자기소개서를 통해 지원자 삶의 모습을 그려보고, 은행원으로서 적합한 인재인지 고민한다"며 "함께 일하고 싶은 역량과 인성을 갖춘 사람이란 점을 어필해야 한다"고 했다. "무턱대고 지원서를 제출하기 보다 금융업과 은행에 대해 먼저 이해한 후, 본인만의 진실된 이야기를 담으라"는 조언이다.

1차 면접 및 인적성 검사: 블라인드 면접, 지원자의 내실이 중요

우리은행 면접의 특징은 학력, 연령, 전공 등에 제한을 두지 않는 '블라인드 면접'이라는 것이다. 지난해의 경우 하루에 걸쳐 집중적으로 진행했다.

지난해 심층인성면접엔 3명의 면접위원이 1명의 지원자와 이야기를 나눴다. 3분 이내로 자기소개를 하고 질의응답을 하는 시간이다. 두 번째 PT 면접은 미리 준비해 놓은 시사 문제 2개 중 자신 있는 것 한 가지를 선택해 답하는 방식이었다. 준비 시간은 10분 내외이며, 발표는 3분이다. 발표 자세, 표현력, 자신감, 논리적인 내용 구성을 본다.

세 번째 세일즈 면접은 연출된 금융점포 내에서 역할극을 실시해 고객을 어떻게 응대하는지 관찰 평가하는 면접이다. 지원자는 뒤집혀 있는 우리은행 금융상품 중 1개를 선택해 해당 상품을 고객에게 설명하고 권유한다. 이때 창의력과 설득력을 본다. 우리은행 관계자는 "세일즈 면접 때 사은품까지 챙겨주는 모습을 보여줬던 지원자가 기억에 남는다"고 말했다.

네 번째 팀 프로젝트는 특정 과제를 팀원이 공동으로 분석해 발표하는 형태다. 리더십, 참여도, 발표능력을 본다. 우리은행 관계자는 "직무의 전문성보다는 품성이 바른지, 적극적인지를 평가한다"고 말했다. 지난해 면접에서는 대형마트 근무시간 규제와 신용카드 소액결제 거부에 대한 생각 등을 물었다. 실무진 면접과 인적성검사는 동시에 진행된다.

2차 인성면접(임원면접): "제스처, 아이컨택, 표정변화 중요"

올해 임원면접 방식도 다른 전형처럼 어떻게 진행될지 아직 정해지지 않았다. 지난해의 경우 임원면접은 부행장 3명이 들어와 30분씩 조별로 진행했다. 조직융화력, 발전가능성, 열의 등을 평가한다. 자신감 있는 모습을 보여주는 것이 가장 중요하다. 1분 자기소개 후 개별질문을 받았다.

지원자들은 그 동안 살아온 삶을 통해 이루어진 자신의 가치관을 제시해야 한다. 우리은행 채용담당자는 "면접관들의 눈을 잘 보면서 얘기한 지원자, 차분하고 논리적인 지원자에게 높은 점수가 갔다"고 했다. 또 "적절하고 가벼운 손 동작과 표정 변화도 중요한 요소"라며 "적극적이지 않은 모습을 보이거나 예의 없는 모습을 보이면 결과가 좋지 않을 것"이라고도 말했다.

안정감과 신뢰를 중시하는 은행의 특성상 지나치게 튀는 복장과 과도한 화장은 피하는 것이 좋다.

2017년 5월 19일 인터넷 조선일보 기사 중

취업 시, 면접관들은 지원자의 학벌이나 성적보다는 실질적인 능력과 조직 적응력에 점수 비중을 높이고 있다고 한다. 따라서 지원자의 내실을 평가할 수 있는 자료의 하나인 자기소개서를 더 신중하게 작성해야 할 것이다. 일기나 자서전이 상대방을 고려하지 않는 주관적인 글쓰기라면, 자기소개서는 독자가 정해져있는 객관적 글쓰기다. 취업용 자기소개서는 자신을 소개하는 차원을 넘어 입사를 목적으로 면접관을 설득하는 글이다. 상품을 판매하기 위해 광고를 하듯이 자신을 상품화시켜 면접관의 마음을 동요시켜야 한다.

띄어쓰기와 맞춤법에 주의하고 기업에서 특별한 지시사항이 없다면, '나는 −이다'와 같은 평칭보다 '저는 −입니다.'의 경어를 사용하는 것이 좋다. 이는 경어표현으로 겸손함을 전달하기 위한 것으로, 평칭에서의 자신감이 자만심으로 비칠 수도 있기 때문이다.

면접관은 자기소개서를 통해 문서능력까지 점검한다. 칸이 있는 경우에는 너무 꽉 차게 기입하면 답답해 보인다. 그러나 몇 줄이 비어 있으면 텅 빈 느낌을 줄 수 있기 때문에 내용조절을 잘 해야 한다. 내용에는 성장과정과 성격의 장단점, 대학생활과 동아리활동, 지원동기와 장래포부, 특기사항 등이 필수사항이므로 언급해야 하며, A4용지 1매~1.5매 이내로 작성해야 한다.

(2) 장학금 신청 및 취업을 위한 자기 소개서 작성 예시

① [KOSAF기부펀드 자기소개서 양식]

자기소개서

성 명		사진첨부
대 학 명		3.5cm x 4.5cm
학부 / 전공		(여권용 사진)

학 년		학 번	

※ 작성요령 (작성 시 설명박스 및 파란글씨는 삭제요망)
  − 글자체 : 휴먼명조, 글씨크기 12 point
  − 자기소개서는 최대 2장 이내로 작성

1. 자기소개

자신의 꿈이나 꿈을 가지게 된 배경, 성격 및 특기, 가치관 및 인생관 등

2. **학교생활**

전공공부, 교내외활동, 현재 학업에 부담이 되는 환경적 요소 및 극복방법 등

3. **학비 및 생활비 조달방법**

학비와 생활비 조달 방법 및 향후 조달 계획

4. **학업의지 및 미래계획**

졸업 후 취업계획 및 진로방향 등

5. **기타**

위 항목 외에 하고 싶은 말을 자유롭게 기재해주십시오

위 내용은 사실과 다르지 않음을 확인합니다.

2017년   월   일

성명 :

한국장학재단 귀중

② 취업을 위한 자기 소개서 예시

해외문화홍보원이 되기 위한 완전 변태(完全 變態)

변태1 - 작은 시도로 봉사에 눈뜨다 : 알에서 깨어나다.

처음 봉사활동에 대해 관심을 갖게 된 것은 고등학교 입학 전에 읽은 『지도 밖으로 행군하라』는 책 덕분이다. 이것은 한비야가 해외봉사활동 중에 경험한 이야기이다. 나는 이 책을 읽고 해외 봉사활동에 대한 동경을 갖게 되었다. 그래서 작은 시도로 노인병원에서 정기 봉사활동을 시작하였다. 일 년 남짓 되었을 때, 처음 몇 달 동안 무뚝뚝하셨던 할머니께서 "잊지 않고 매주 와 주어서 고맙다"며 꼬깃꼬깃한 천 원짜리 몇 장을 주셨다. 이 일은 꾸준한 관심이 얼마나 중요한지를 알게 해주었다. 또 누군가에게 힘이 될 수 있다는 사실이 자존감을 확립하여 준다는 것을 깨달았다. 이것이 내가 해외봉사활동을 결심하게 된 가장 큰 계기였다.

그 후로 해외봉사활동에 대해서 알아보던 중에 정부에서 지원하는 해외문화 홍보원에 대해 알게 되었다. 해외문화 홍보원의 가장 큰 매력은 봉사활동뿐만 아니라 해외에 나가서 우리의 자랑스러운 문화를 홍보할 수 있다는 점이다. 내가 처음 문화홍보에 관심을 갖게 된 것은 한 다큐멘터리를 통해서였다. 필리핀에서는 한국 아버지 아래 태어난 이른바 '코시안'이 많다. 이들은 분명 우리 민족의 일부이지만, 우리 역사나 문화에 대해 제대로 알지 못한다. 나는 우리나라와 현재 살고 있는 나라, 그 어디에도 소속되지 못한 채 살아가고 있는 아이들에게 우리의 말과 역사, 그리고 그들에 대한 우리의 사랑을 가르쳐 주고 싶었다. 이것이 내가 해외문화홍보원에 지원하게 된 가장 큰 이유이다.

변태2 - 세상으로 나가기 위한 준비 : 번데기가 되다.

내성적이었던 성격을 보다 활발하게 바꾸어 준 것은 중3 때 국어 수업이었다. 격주로 발표 수업을 하게 되었는데, 공교롭게 우리 조는 모두 내성적인 아이들이었다. 평소 책임감이 강한 성격과 제대로 해보자는 생각 때문에 조장이 되었다. 다행히 조원들이 잘 참여해 주어 매번 차별화된 발표를 할 수 있었다. 다른 아이들이 글을 읽는다면 상황극을 하고, 다른 아이들이 따라 하면 우리는 퀴즈쇼를 만드는 식이었다. 이렇게 1년 동안 수업에 누구보다 적극적으로 참여하다보니 무슨 일에든지 도전할 수 있다는 자신감이 생겼다. 그래서 이제는 맡은 일에 긍정적인 확신을 갖고 추진하며 쉽게 침착함을 잃지 않는다. 이러한 변화는 프로그램을 직접 운영하고 현지인에게 긍정적인 인상을 남겨야 하는 홍보원 업무에도 크게 도움이 될 것이다.

고교시절은 문화홍보원이 되기 위한 준비시기였다. 고1 때 교환학생으로 온 캐나다 친구가 있었는데, 그 친구는 한국이 중국과 일본의 아류라는 생각을 가지고 있었다. 그러나 당시 내게는 충분한 지식도, 언어구사능력도 부족했기 때문에 제대로 설명을 해 주지 못했다. 이 일을 계기로 나는 문화홍보원이 되려면 역사와 언어에 대한 지식이 필수라는 것을 느꼈다. 그래서 선택과목으로 국사를 공부하면서 국사연구부 활동을 하였고 그 과정에서 한국사 검정 시험 2급도 취득했다. 한편 외국어로는 중국어와 영어를 배우고 있다. 두 언어 모두 유창하지는 않지만 기본적인 의사소통은 가능하다. 이러한 노력의 결과, 지금은 전공자 못지않은 지식으로 해외에서 정확하고 재미있게 우리 역사를 가르칠 자신이 있다.

변태3 - 물 : 날개짓을 하다.

내가 해외 문화 홍보원이 된다면 코시안을 위한 "한국 문화 알기 프로그램"을 만들 것이다. 우리나라 사극 드라마를 이용해 흥미와 관심을 제고(提高)하고, 명절체험, 한식 만들기와 같은 활동을 통해 경험적 지식을 쌓게 하는 한편 봉사의 일환으로 목욕봉사, 식사봉사를 통해 가족 같은 홍보원이 되겠다. 한 달의 활동 기간이 끝난 후에도 펜팔, 정기방문과 같은 꾸준한 관심으로 "자원 봉사자"가 아닌 "가족"으로 남겠다.

나는 물 같은 사람이다. 남에게 귀 기울이고 새로움을 받아들이는 것을 잘하기 때문이다. 차이를 수용하면서도 자신을 잃지 않는 것이 물이다. 나는 타국에서 한국의 문화를 품고 물처럼 우리 문화를 잃지 않은 채 그들의 문화를 받아들일 수 있다. 지금까지 나는 고여 있는 물이었다. 그러나 이제는 흐르는 물, 대지를 적시며 도움이 필요한 사람에게 희망을 줄 수 있는 물이 될 것이다. 그것이 내 마지막 변태(變態)이다.

> ## 자기소개서 작성 10단계
>
> 1. 두괄식으로 구성하라.
> 2. 단문으로 구성하라.
> 3. 맞춤 자기소개서를 만들어라.
> 4. 거짓말을 하지 말라.
> 5. 자신만의 문장을 만들어라.
> 6. 지나친 치장, 진부한 표현은 피하라.
> 7. 장점을 부각할 에피소드를 찾아라.
> 8. 기업의 인재상을 파악하라.
> 9. 지원 동기를 구체적으로 밝혀라.
> 10. 분량은 적당해야 한다.

테마활동

학교 장학금, 기업 장학금, 교환 학생 신청 등에 필요한 자기소개를 작성해 보자.

3. 면접

(1) 면접의 종류 및 대응방법

1) 면접의 종류

주요 기업들은 인재를 채용할 때, 서류전형, 인성과 적성검사, 면접을 실시하는데, 이 중에서도 면접을 가장 중요하게 여긴다. 기업들은 팀장과 임원, 그리고 대표이사 면접 등 두세 차례 면접을 실시하고 이를 통해 개인의 인성, 자질, 창의성, 조직과의 융화, 업무능력들을 측정한다.

최근에는 해결해야 할 과제를 사전에 부여하고 도출된 결론을 면접관 앞에서 발표하게 하는 프레젠테이션 면접을 도입하는 기업도 늘고 있다. 이렇듯 면접이란 서류상으로 잘 드러나지 않거나 확인이 필요한 개인의 능력을 검증하고, 필요한 직무분야와의 적합성, 지원자의 인성, 적성이 회사의 조직문화와 잘 맞는지 여부를 검증하는 복합적인 과정이라고 볼 수 있다. 면접의 다양한 유형과 종류에 대해 알아보자.

① 단독면접

응시자 한 사람을 불러 면접위원 한 명이 개별적으로 질의, 응답하는 방법이다. 시간이 많이 걸리고 면접위원의 주관이 작용할 수 있다는 단점이 있으나, 한 사람을 조목조목 알아내는 데는 좋은 방법일 수도 있다. 또한 1:1로 마주하기 때문에 필요 이상의 긴장이 될 수도 있겠지만 자신의 품성과 전문지식을 충분히 발휘할 수도 있다.

② 개별면접

다수의 면접관이 한 사람의 지원자를 대상으로 질문과 응답을 하는 형태의 면접방식이다. 면접관이 여러 명이므로 다각적인 질문이 나올 수 있고, 이를 통해 지원자의 다양한 측면을 알아낼 수 있다.

③ 집단면접

집단면접이란 면접관 여러 명이 지원자 여러 명을 한꺼번에 평가하는 방식이다. 지원자가 많은 경우, 면접 시간을 단축시킬 수 있고 응시자들을 비교평가 할 수 있다는 장점이 있는 반면에, 앉은 순서에 따라 불이익을 당할 수 있다는 단점도 있다.

④ 토론면접

집단토론면접은 여러 명의 지원자들(5~8명)에게 일정한 주제나 내용을 제시하고 여기에 대한 토론을 벌여 면접관들이 발언의 내용이나 토론자세 등을 평가하는 방식이다. 이러한 면접방식은 응시생의 이해력, 협조성, 판단력, 표현력 등 종합적인 태도와 능력을 확인할 수 있다. 조원이 모두 참여해야 하기 때문에 시간조절이 중요하다. 자신의 주장만을 앞세워 시간을 많이 사용한다면 면접관에게 점수를 얻기 힘들다. 남의 의견을 들을 때도 고개를 끄덕이거나 잘 들었다는 메시지를 전하면 포용력이 넓은 사람으로 보일 수 있다.

⑤ 프레젠테이션 면접

프레젠테이션(Presentation) 면접방식은 직군별로 발생할 수 있는 사안을 중심으로, 구체적이고 시사적인 주제에 대해 지원자가 자신의 의견, 경험, 지식 등을 발표하는 방식이다. 면접절차는 여러 주제 가운데 하나를 택해 지원자가 자신의 견해를 정리한 후 면접위원들과 다른 지원자들 앞에서 발표하는 방식으로 진행되며 한 지원자의 발표가 끝나면 그 내용에 관한 질의 응답이 이어지게 된다.

⑥ 기타 특수 면접

합숙을 하면서 1박2일 동안 지원자의 협동심과 평소 습관을 파악하는 면접도 있다. 이때는 음주면접, 식사면접도 포함될 수 있으니 과음을 한다거나 개별행동은 피해야 한다. 음악 감상 면접에서는 자신의 생각을 글로 풀어내는 능력을, 축구면접에서는 단결력과 양보심을, 요리면접에서는 창의력을 보여주어야 한다. 문서 시뮬레이션 면접은 어떤 상황이 적힌 종이를 받고, 그 조건 하에서 문제를 어떻게 해결할 것인지를 작성한다. 이 면접은 업무의 순서 배열, 일처리 감각 등을 파악하기 위해서라는 것을 기억하자.

2) 면접 정보 수집하기

인터넷 검색을 통해 면접에 대한 개요 및 내용에 대해 확인할 수 있다. 그 내용으로는 면접 차수 및 형태, 면접내용, 소요시간과 함께 간단한 면접 질문에 대한 확인이 가능하다.

해당기업에 대한 정보를 수집하고 나서 면접을 준비한다면, 맞춤형 취업준비를 할 수 있을 것이다. 예를 들어 삼성그룹은 면접에 앞서 자기소개 항목을 필수로 정해놓고 있으며, 여기에다 토론면접, PT면접, 임원면접을 추가적으로 실시하기에, 보다 신경을 써야 한다. 또한 SK건설의 면접은 시간이 짧은 것으로 유명하다. 짧은 시간 안에 자신에게 주어진 시간을 효과적으로 활용할 수 있어야 한다. LG전자는 영어면접, 인성면접을 중점적으로 하며, 자기소개서 비중이 높다. 이런 식으로 각 기업들마다의 특색을 미리 조사해보면 면접의 준비에 훨씬 더 효율적으로 임할 수 있다.

(2) 면접에서의 자세와 태도

면접은 채용 단계의 마지막 단계로 최종 당락이 결정되므로, 완벽하게 준비해서 지원자 자신이 최적의 인재임을 면대면으로 분명하게 보여줌으로써 면접관에게 각인 시켜야 함이 그 목적이라는 것을 명확히 인식하고 준비해야 한다.

① 시사 이슈에 관심을 갖는다.

항상 뉴스와 신문을 접하면서 현안 이슈가 무엇인지를 알고 있어야 한다. 면접관이 아이스브레이킹(마음열기)을 위해, 현재 많은 사람들에게 회자 되고 있는 사회적인 이슈나 뉴스에 대해 질문이 아닌 말을 건넸는데, 이 말에 답변을 못해 면접 자체를 망쳐 버린 사례가 비일비재하다. 혹은 실제로 현재의 사회적인 이슈나 회사와 관련된 이슈에 대해 지원자의 의견을 듣고자 하는 데, 해당 이슈조차 모른다면 면접에서 좋은 결과를 기대할 수 없다. 학생들과 취업상담을 해 보면, 취업동아리 활동을 하는 학생들을 제외하고는 매일 뉴스나 신문을 접하는 학생이 극소수인 점을 감안할 때 취업을 준비하는 학생들에게 적극적으로 알려 주어야 할 내용이다.

② 면접관에게 첫 인상을 좋게 한다.

첫째, 겸손과 예의 바른 자세가 중요하다. 이것은 지원자가 가장 기본적으로 면접에 임하는 자세이자 마음가짐이어야 한다. 이 첫 인상을 통해 면접관은 지원자의 기본을 가늠하게 된다는 점을 명심하도록 한다. 둘째, 지원한 회사에 대해 충분히 숙지하고 질문에 답할 준비가 되어야 한다. 기본적으로 자기소개서를 작성 할 때 정리해 두었던 회사에 대한 연구자료(경영이념, 비전, 사명, 핵심가치, 인재상, 행동규범 등)와 회사의 주요 고객, 시장 현황(M/S 현황), 경쟁사, 자사와 경쟁사의 강·약점에 대한 자료를 수집하여 SWOT 분석을 통한 자사의 전략 방향을 수립해 본다. 이와 같은 기초자료는 회사 홈페이지의 지속가능 보고서나 자료 등을 참고하고, 회사와 관련된 최근 이슈나 뉴스에도 관심을 갖는다. 셋째, 면접시간 동안 대화의 흐름을 놓지 말아야 한다. 다른 지원자에게 질문을 할 때도 질문과 답변에 계속 집중해야 한다. 다른 지원자가 답변을 하지 못하거나, 엉뚱한 답변을 하는 경우, 그 질문이 갑작스럽게 자신에게 돌아오는 경우가 다반사이기 때문이다. 넷째, 면접관과 신뢰를 구축하는 노력을 해야 한다. 면접관과 신뢰를 구축하는 가장 좋은 방법은 눈 맞춤(eye contact)이란 점을 명심하고, 다소 부담스럽더라도 눈 맞춤을 지속적으로 유지하도록 하면서, 면접관의 이야기에 긍정의 시그널(제스처)로 동감의 메시지를 표하는 것도 면접관에게 좋은 인상을 주게 되니 활용하도록 한다.

③ 면접 체크리스트를 만들어 사전에 반드시 점검한다.

첫째, 면접 장소와 시간을 반드시 확인한다. 면접 장소는 1, 2차 면접이 다를 수 있으므로 분명히 확인해야 한다. 또한 적어도 면접 시간 30분전에 면접 대기실에 도착하도록 한다. 이 정도 여유를 두어야 본인 스스로가 차분한 분위기에서 면접에 임할 수 있다. 둘째, 입사지원서, 자기소개서 등 이미 제출한 서류의 내용을 충분히 숙지해야 한다. 제출한 서류는 면접 시 질문의 시작 포인트가 된다. 셋째, 앞에서도 거론하였듯이 지원한 회사에 대해서는 충분히 연구를 해서 숙지해야 한다. 넷째, 면접에 필요한 복장은 가능한 한 짙은 색상의 정장이 바람직하며, 남학생의 경우는 구두, 양말, 벨트도 검정 계통이 무난하다. 여학생의 경우 화장은 지나치게 짙게 하지 말고, 머리는 단정하게 정리해야 한다. 마지막으로 예상 질문과 자신만의 모범답변을 준비해서 정리해 두어야, 질문에 대해 면접관과 대화 하듯이 즉시 답변할 수 있다는 점을 명심한다.

④ 면접대기실에서도 평가를 받는다는 마음으로 긴장을 늦추지 말아야 한다.

면접 대기실에서는 다소 지루할 수 있는 시간이나, 지루하다고 휴대폰을 본다거나, 옆 사람과 큰소리로 이야기를 한다거나 하지 말고, 차분히 앉아서 대기하도록 한다. 대기실에서도 자신이 평가 받고 있다고 생각해야 한다.

⑤ 밝은 표정으로 눈 맞춤을 유지하며 자신감, 열정, 패기를 보일 수 있어야 한다.

표정은 최대한 즐거운 상상을 해서 입가에 미소를 머금을 수 있도록 하고, 시선처리는 자연스럽게 하되, 면접관과 눈 맞춤을 하도록 하고, 신입사원으로써 자신감, 열정, 패기를 보여 줄 수 있도록 하는 것이 가장 중요하다. 면접관들이 신입사원에게 기대하는 것은 바로 무엇이든지 할 수 있다는 자신감과 하고자 하는 열정, 젊은이다운 패기라는 점을 명심하도록 한다.

⑥ 인사는 정중하게 하고, 기본적인 에티켓을 지켜야 한다.

면접관 앞에 서서 정중하게 인사를 하고, 앉으라는 말을 할 때까지 앉지 말고, 앉기 위해 의자를 당길 때 소리를 내지 않도록 주의한다. 또한, 앉아서 너무 긴장하여 손을 많이 움직이거나 다리를 떠는 행동을 하지 말고, 질문에 대해 잘 모른다고 혀를 내밀거나, 손으로 머리를 긁적이는 행동을 하여 자신감이 없다는 표현을 하지 않도록 주의 한다.

⑦ 화법은 두괄식을 사용한다.

면접에서 대화는 항상 두괄식으로 해야 한다. 즉, 결론 먼저 말하고, 과정이나 이유는 나중에 말하는 습관을 갖도록 한다. 이것은 회사에서 쓰는 화법이기도 하다. 또한, 말은 약간 천천히 한다는 기분으로 또박또박 하도록 한다. 말을 할 때는 외래어, 반말, 속어, 은어나 특히 젊은 사람들끼리 사용하는 약어를 쓰지 않도록 주의한다.

⑧ 자신의 주장을 논리적으로 전개해야 한다.

면접에서의 답변은 정답이 있는 것이 아니라, 답변자의 논리전개력, 설득력, 임기응변력을 확인하는 것임을 명심하고, 자신의 주장을 논리정연하게 이야기할 수 있어야 한다. 혹시 질문의 내용을 파악하지 못하였을 경우에는 반드시 재확인하고 정확히 답변할 수 있도록 하며, 모르는 질문을 받았을 경우에는 정직하게 답변하는 것이 바람직하다.

⑨ 빈도가 높은 질문은 미리 답변을 준비해 둔다.

첫째, 자기소개를 1~2분 내외로 준비한다. 자기소개를 통해 자신을 면접관들에게 각인시킬 수 있어야 하므로, 자신의 강점이나 차별화 포인트를 특정 사물이나 단어로 비유해서 설명하는 것도 좋은 방법이다. 외국어를 필요로 하는 직무인 경우는 해당 외국어로도 준비해야 한다. 둘째, 지원동기도 면접에서 질문 빈도가 높다. 따라서 회사지원동기, 직무지원동기, 직무에 필요한 역량 및 역량확보 노력과 과정 등에 대해 답변을 구체적으로 준비한다. 셋째, 지원한 직무에 대한 질문에 대해서는 이론적, 경험적으로 정확하게 답변할 수 있어야한다. 또한, 자신이 해당 직무를 하는데 필요한 정보나 지식을 충분히 보유하고 있으며, 해당 분야에 실무 경험이 있다면 그 경험을 통해 얻은 지식이나 Skill 또는 해당 직무를 하는데 요구되는 공인된 자격증을 갖고 있다면 그 내용도 적절하게 포함해서 답변하면 좋다. 넷째, 회사와 관련된 질문은 면접 전반에 걸쳐 수시로 나올 수 있으므로, 앞에서 상세히 설명한대로 충분히 준비해 두어야 한다.

⑩ 압박질문도 예상하고 답변 방법을 숙지해 둔다.

질문에 대한 답변을 듣고 재질문하는 형태의 질문이나, 사회적인 이슈에 대해 상식적으로 용납하기 어려운 상황에 대한 옹호 입장 전개와 같은 압박질문도 예상하고, 이와 같은 질문을 받을 경우 심리적인 여유를 갖고, 자신의 논리를 설득력 있게 전달할 수 있도록 해야 한다. 이런 질문은 지원자를 난처하게 하려는 것이 목적이 아니라, 어떤 상황에서든지 상대방을 설득할 수 있는 설득력, 자신의 주장을 논리적으로 펼칠 수 있는 논리전개력과 임기응변력을 확인하기 위한 것임을 명심하고 차분하게 대응할 수 있도록 한다. 이와 같은 압박질문에 대해 대처하는 훈련은 평소에 자신의 생각과 반대되는 입장이나 다양성을 이해해 주려는 포용력과 주어진 여건 하에서 다른 생각을 인정해 줄 수 있는 논리를 전개해 보는 것이 큰 도움이 된다.

(3) 면접의 기법과 전략

① 역량 면접

점점 많은 기업에서 면접의 전부 또는 일부를 행동설명면접법으로 진행한다. 피면접자가 미래의 직무에 성공할 것인가는 그 사람이 말하는 계획, 일반적인 원칙, 신념, 지식보다는 과거의 행동을 보면 쉽게 알 수 있다는 것이 행동설명면접법의 기본 논리이다. 이 방법은 주관적인 생각보다는 실제 행동에 대해서 질문한다. 예를 들어 "사람을 동기유발 하기에 좋은 방법은 어떤 것이 있습니까?"라고 질문하기보다는 "최근에 다른 사람에게 무언가를 열심히 하도록 하기 위하여 어떤 방법을 사용하였습니까?"와 같은 질문을 한다. 그런 질문에 이어서 보충질문을 한다. 보충질문의 예로는 " 그 상황을 해결하기 위하여 무엇을 하였습니까?, "그 결과에 대해서는 어떻게 생각하십니까?, "그 사람은 어떻게 느꼈습니까?", "당신의 상사는 어떻게 느꼈습니까?" 등이 있다.

② 토론 면접

토론 면접은 일반적으로 4명 – 8명으로 구성되어 있으며 한 개의 조가 특정 주제를 가지고 토론 하는 형식을 말한다. 면접관은 직접 참여하지 않고 토론자들이 토론에 집중할 수 있도록 옆에서 지켜보며 개개인의 평가를 진행한다. 평가는 지원자들의 업무처리 역량과 협업으로 프로젝트를 진행할 경우 팀원 간에 원활한 의사소통을 통해 잘 이끌어 나갈 수 있는지의 여부 등이 있다.

토론 면접에서 평가요소는 '자신의 의견을 얼마나 적극적으로 설득력 있게 제시하는가?', '다른 참여자를 배려하고 의견을 경청하면서 커뮤니케이션을 잘 이끌어 나갈 수 있는가?' 이 두 가지가 중점적으로 평가된다. 단순히 말을 잘하는 것보다 자신의 입장을 논리적이고 적극적으로 표현하면서도 다른 참여자에 대한 배려를 보여주는 것이 좋다.

일반적인 토론 면접 순서는 면접 대기실에 안내를 받고 그 곳에서 토론 주제에 대해 공지 받거나 혹은 주제를 정하게 되며, 이때 지원자들은 자신의 입장을 정리하며 찬반을 선택한다.

토론할 때의 자세

주장의 일관성 : 토론을 하는 도중에 자신의 입장을 바꾸면 안 된다. 이는 자신의 입장에 논리성과 설득력이 부족함을 스스로 인정하는 것이므로 너무 무리한 주장은 금하되 주장의 일관성은 지키도록 한다.

적극적인 태도 : 토론 면접은 제한된 시간 동안 진행되기 때문에 자신의 의사발언 기회를 적극적으로 활용해야 한다. 어떤 상황에서도 주눅 들지 않고 여유롭게 자신의 의견을 발언해야 한다.

경청 하는 자세 : 경청은 토론의 기본 자세다. 상대방의 말을 끊거나 무시한 채 자신의 발언만 하지 않도록 주의하고 상대방의 의견을 듣고 적절히 동조하는 모습을 보여 주는 것이 좋다. 또한 지나친 경쟁보다는 적당히 여유로운 모습으로 발언기회가 적었던 토론자에게 기회를 넘기는 등의 행동으로 배려심을 보여주는 것도 좋다.

시사 이슈 : 토론의 주제는 기업과 직무에 관한 것에만 국한되지 않는다. 보통 최신 시사 상식과 관련된 질문, 현재 사회와 또 미래를 바라보는 관점에 대한 질문이 많으니 최근 뉴스를 꼼꼼하게 읽고 준비해야 한다.

객관적인 자료 : 객관적인 자료를 근거로 내세우면 자신의 주장을 조리 있게 펼칠 수 있다. 말을 유창하게 하는 것도 중요하지만 객관적인 지표들을 활용하는 것이 주장하는 내용의 신뢰성을 높일 수 있는 방법이다.

③ PT면접

대기업들이 보편적으로 사용하는 면접유형은 PT면접이다. 채용직무에 맞는 전문성이 있는 주제를 준 다음 지원자가 전공과 직종지식, 지원사 업종, 시사이슈, 상식, 개인 경험 등을 총체적으로 투입, 자신의 역량을 종합적으로 보여주어야 하는 면접방식이다. 지원자를 위해 화이트보드(white board)와 빔프로젝터(beam projector)가 동원되며 급조된 답변이 아닌 전문지식이 반영된 대답을 얻기 위해 사전준비시간도 충분히 제공해주고 있다. 중점평가영역은 발표자의 문제해결능력과 전문성, 창의성, 기본실무능력, 논리성 등을 관찰하는 데 역점을 두고 있으며 평가방식은 모두 구조화된 항목으로 나열되어 있다. 현재 PT면접은 국내 대기업의 70%가 적용시킬 만큼 일반화된 면접형태이며 향후에도 도입 기업이 더욱 늘어날 전망이다.

최근 대기업들의 PT면접은 평가세부내용이 명확히 정의(define)되어 있다는 점이며 현장업무 및 최근 시장이슈를 반영하는 지식을 집중적으로 체크하는 추세이다. 발표시간은 보통 10분 이내이며 발표 후에도 면접관들이 PT한 내용은 물론 개인질문까지 추가하고 있다.

④ 온라인 면접

전화나 온라인으로 예비 면접을 실시하는 경우가 많아지고 있다. 근래에는 많은 업무를 전화나 인터넷을 통해서 진행하기 때문에 전화나 이메일에서 사용하는 문장이나 커뮤니케이션 능력을 알아보려고 이러한 면접을 한다. 먼저 관심이 가는 지원자에게 이메일로 몇 가지 질문을 보내어 응답을 받아서 심사한다. 그들 중에서 선발된 사람에게 좀 더 많은 이메일 질문을 보내거나 전화를 하여 계속 심사를 진행한다.

이런 절차를 거치면서 적합하지 않은 사람을 사전에 걸러내기 때문에 양쪽의 시간을 절약할 수 있다. 이런 예비 절차를 통과하지 못한 사람은 다음 단계인 본격적인 면접 단계로 넘어가지 못한다. 일부 지원자는 이 절차를 통해 1차적인 선발 작업이 이루어지는 것을 몰라서 실수하기도 한다. 전화는 온라인 예비면접에서 가장 자주 범하는 실수는 임금에 대해서 물어보는 것이다. 임금에 대한 이야기는 면접자 쪽에서 먼저 물어보기 전에 피면접자가 먼저 말하는 것은 좋시 않다. 다음에 직접 만나서 이루어지는 면접에서 면접자가 물어 볼 경우에만 대답하는 것이 좋다.

(4) 면접의 실제

예상 질문에 대한 연습을 하기 전에 자신의 강점을 3-5가지 정도 생각해 둔다. 그 강점에 포함되는 영역으로는 능력, 교육, 성격, 경력 등이 있다. 이 내용을 정리하여 두었다가 면접 중에 적당한 방법으로 제시한다. 또 지원하는 직무와 관련하여 자신이 성공한 경험 2-3가지를 설명하도록 준비해 둔다. 자신이 해결한 문제나 사람들에게 인정받게 된 계기가 되는 사건 등도 설명하도록 준비해 둔다. 면접을 연습할 때는 예상되는 질문을 녹음해 두고 질문에 대한 대답을 해본다. 대답도 녹음을 한 후에 스스로 평가하면서 연습하기도 한다. 비디오로 녹화하여 평가하면 시간과 비언어적인 신호를 점검해볼 수 있다.

면접에서는 질문에 대한 대답의 내용도 중요하지만 질문에 어떻게 반응하고 어떤 방법으로 말하는가도 중요하다. 우선 면접에서 사용하는 말은 기업의 문화를 고려하면서 기업의 해당직위에 있는 사람들이 공동으로 사용하는 전문 용어를 많이 사용한다. 또 적극적이고 긍정적이며 구체적인 언어를 사용한다. 자신의 경험이나 친구, 출판물 등을 통해서 알게 된 실제의 예, 비교자료, 통계자료 등을 인용하면서 설명한다. 한편, 자기 능력의 약점이나 육체적인 문제점이 있을 때는 이를 인정하면서 긍정적인 방향으로 발전시키고 있다는 것을 설명한다.

전통적으로 면접에서는 교육, 자격요건, 의견, 경력 등에 대해 많이 질문하였다. 지원자가 적합한 교육, 경력, 자격 등을 갖추고, 질문에 적절히 대답하면 그 지원자를 해당 직위에 적합한 사람으로 간주하였다. 그러나 이러한 전통적인 면접을 실시하면 피면접자가 앞으로 맡게 될 실제 직무의 경험이나 성과와 관련된 사항을 말할 기회가 없다는 문제점이 있다. 한 연구의 결과에 의하면 전통적인 면접은 19% 정도의 정확성을 가질 뿐이라고 한다. 이런 문제를 해결하기 위하여 이제 많은 기업에서는 행동설명질문법(behavior description question)을 사용한다. 이 방법의 기본원칙은 미래의 성과를 예측하는 데 가장 중요한 것은 과거에 동일한 상황에서 했던 행동이라는 것이다. 이렇게 행동을 파악하면 지원자가 새로운 조직에서 어떻게 행동하여 어떤 성과를 낼 수 있는가를 예측하기가 쉬워진다고 한다. 이 방법으로 예측의 정확성을 80%로 높일 수 있었다고 한다.

또 조직의 구성원은 집단으로 일하는 경우가 많기 때문에 집단에서 어떻게 일할 것인가를 파악해보는 집단면접법도 있다. 피면접자는 지원하는 회사에서 전통적인 면접, 행동설명면접, 집단면접 중에서 어떤 면접을 하는가를 파악하고 이에 대응할 수 있도록 준비하여야 한다.

1) 전통적인 면접 질문에 대한 연습

면접자는 다음과 같은 질문을 많이 한다. 우선 이들 질문에 대한 대답을 준비해둔다. 다른 지원자에게도 비슷한 질문을 할 것이라는 것을 염두에 두고 자신의 대답이 독창적인 것이 되도록 준비한다. 이런 질문에 대한 준비를 잘하고 있으면 예상하지 못한 다른 질문에 대해서도 적절하게 대답할 수 있게 된다. 행동설명질문법이나 집단면접을 실시하는 회사에서도 먼저 전통적 면접 질문 몇 가지를 하는 경우가 많기 때문에 이 질문에 대비하는 연습을 해둘 필요가 있다.

- **당신 자신을 소개해 주세요.**

면접에서 제일 먼저 이와 같은 질문을 하는 기업이 많다. 이 질문에 답할 때는 자신을 알릴 수 있는 기회로 생각하고 면접자가 허용해준 시간을 활용한다. 대답을 하는데 너무 많은 시간을 사용하면 안 된다. 너무 상세한 사항을 두서없이 이야기하는 것은 피한다.

사용하는 시간은 1~2분 정도가 적합하다. 주로 자신이 잘 수행할 수 있는 업무를 설명하고 개인적이거나 우스운 이야기는 하지 않는다. 지원하는 직무와 관련되어 성공한 경험이나 자신이 맡았던 책임을 설명한다. 팀을 이루어 성공한 경험이 더 좋다.

- **우리 회사에 대해서 무엇을 알고 있습니까?**

이 질문에 미리 준비하였음을 보여주어야 한다. 해당 기업의 제품, 서비스, 재무상태, 문제점, 사람, 역사 등에 대해서 말한다. 특히 최근의 중요한 사건을 파악하여 긍정적인 해석도 같이 해주면 좋다.

- **당신이 우리 회사에서 무엇을 할 수 있습니까?**

다른 사람이 할 수 없는 것으로 자기가 할 수 있는 것을 설명한다. 자신의 관점과 회사의 관점에서 생각해 본다. 해당 조직에서 일어날 만한 일로서 자신이 성공한 경험을 말한다. 또 자신이 교육을 받아서 알고 있는 것으로 해당 조직에 의미가 있는 새로운 지식을 말하기도 한다. 해당 기업에 대한 다양한 조사가 되어 있어야 답을 준비할 수 있다.

- 왜 우리가 당신을 고용해야 하나요?

자신을 소개할 수 있는 기회로 생각하고, 자신의 강점과 자신이 할 수 있는 일이 지원하는 회사에 적합하다는 것을 설명한다. 업무 경험이 있는 사람은 그 경험을 중심으로 자기의 장점을 말하고, 경력이 없는 경우에는 학교에서 자신이 주도적으로 할 일이나 끈기 있게 노력하여 성공한 일, 업무를 빨리 배울 수 있는 능력 등을 예를 들어 설명한다.

- 임금에 대해서는 어느 정도를 기대합니까?

이 질문에 대답하기 위해서는 사전에 해당 기업과 해당 직무의 임금 수준을 알고 있어야 한다. 자신의 인적 네트워크를 최대한 활용하고 학교의 취업지원센터의 도움을 받기도 한다. 그러나 임금에 대해서 너무 민감한 행동을 하는 사람을 기업에서는 경계한다는 것을 염두에 두고 답해야 한다.

- 당신의 강점과 약점은 무엇이라고 생각합니까?

이런 질문이 나올 것을 당연히 예상해야 한다. 면접자가 강점을 물을 때는 업무와 관련된 강점에 중점을 두고 설명한다. 예를 들어 컴퓨터를 이용한 업무 능력이 뛰어나다거나, 기획 능력이 좋다거나, 커뮤니케이션을 잘 할 수 있다는 것을 예를 들어 설명한다.

약점에 대해서 질문을 받을 때는 그냥 순순히 아무 대책도 없이 자신의 약점을 말하는 것은 좋은 방법이 아니다. 대체로 두 가지 정도의 방법이 있다. 첫째는 실제 강점인 것을 약점으로 설명한다. 예를 들어 "일을 한 번 시작하면 마지막까지 일을 놓지 못하는 약점이 있다"고 설명한다. 실제로는 인내성이 많다는 장점을 말하는 것이다. 둘째는 자신의 약점을 솔직하게 말한다. 되도록 업무와 관련성이 적은 것으로 한다. 그리고 그 약점을 고치기 위하여 상당한 노력을 하였다는 것을 말한다. 예를 들어 과거에는 자신은 남 앞에서 프레젠테이션을 잘 못하였다는 것을 말하고, 이것을 고치기 위하여 학교 다닐 때 발표 수업에 많이 참여하고 동아리 활동도 열심히 하였다고 설명한다. 과거의 약점을 현재에는 강점으로 발전시켰다는 것으로 설명한다.

- 당신의 교육과 직업 경력에 대해서 말해주십시오.

이 질문에 대해서는 강력하고 긍정적인 대답을 한다. 직업 경력은 직장과 직위의 명칭을 말하고, 그 기간에 자신의 업무 수행 내용과 성과에 대해서 설명한다. 학교를 갓 졸업

한 사람에게는 학교생활에 대해서 물어볼 것이라고 예상하고 있어야 한다. 보통 동아리 활동, 지역사회 활동, 자원봉사 활동 등을 질문하는 경우가 많기 때문에 이에 대해서 미리 대비해둔다. 학교에서 공부한 내용 중에서 지원하는 업무와 관련되 사항도 미리 정리하여 둔다. 직업 경력이 부족할 경우에는 자신이 경험한 직업 외의 활동과 직업을 잘 연관시켜서 설명한다. 또 자원봉사 활동은 반드시 이야기한다.

- **5년 뒤에 당신이 하고 싶은 일은 무엇입니까?**

이 질문에 "잘 모르겠습니다."라고 대답하지 않도록 한다. 현실적인 목표를 가지고 있다는 것을 보여준다. 비현실적으로 큰돈이나 높은 자리를 원한다고 말하면, 너무 욕망이 큰 사람으로 보이고 현재 취업하고자 하는 직위에는 부적합한 사름으로 보일 수도 있다. 심사자들은 야망을 가지고 좀 더 새로운 것을 많이 배워 발전하려는 사람을 좋아한다. 따라서 면접에서 응답할 때는 발전하려는 야망을 보여주지만, 그 야망의 목표는 자신이 열심히 노력하면 달성할 수 있는 정도로 설정하여 설명한다.

2) 행동설명면접 질문에 대한 연습

행동설명면접법의 질문에는 다음과 같은 내용으로 대답하는 것이 좋다.

① 상황을 설명한다.
② 자신이 한 행동을 말한다.
③ 결과를 설명한다.
④ 자신이 한 행동의 의미를 설명하고 다른 상황에서는 어떻게 행동할 것인가를 설명한다.

행동설명면접법의 질문에 대해서 사전에 준비하기 위해서는 학교나 직장에서 자신이 경험한 다양한 상황에 대해서 검토해본다. 자신이 지원하는 직무에서 훌륭한 성과를 내기에 적합한 행동과 관련된 자신의 경험 2~3가지, 성과에 부정적인 효과를 줄만한 행동과 관련된 자신의 경험 2~3가지를 각각 정리하여 본다. 긍정적인 경험에 대해서는 어떤 생각으로 그런 행동을 하였으며, 앞으로 어떻게 발전시킬 것인가를 설명한다. 부정적인 경험에 대해서는 그 후에 긍정적인 경험이나 강섬으로 발전시켰다는 것을 설명해 주는 것이 좋다. 이 경우에 "저는 항상 동료들과 협조를 잘 합니다"와 같은 일반적인 말보다는 구체적이고 특정한 행동을 말하는 것이 행동설명면접법에 적합한 대답이다. 부정적인 경험에 관련된 질문과 대답의 예를 들기 위해, 항상 출근을 늦게 하는 사람과 교대 근무를 한 경험을 대답한 경우를 생각해보자. 대답에서는 먼저 대학교의 컴퓨터지원센터에서 아르바이트를 하면서 교대를 하는 사람이 매일 지각하기 때문에 교대를 제때에 하지 못하여 자신이 항상 수업이나 다른 아르바이트에 늦을 수밖에 없었던 어려움을 설명한다. 그 다음에 서로에게 좋은 해결책을 찾는 과정을 설명한다. 그 사람은 자명종 시계가 없으며 교대하러 오기 전까지 잠을 자야하는 상황에 있다는 것을 발견하였다. 매일 그 사람이 이러나야 하는 시간에 전화를 해주었고, 얼마 뒤에는 그 사람이 자명종을 구입하여 지각문제가 해결되었고, 이제는 서로 좋은 친구가 되었다는 것을 설명한다.

이와 같이 행동설명면접에서는 간단히 대답하기에는 어려운 질문을 한다. 이런 질문에 대답하기 위해서는 상당한 준비가 있어야 한다. 다음은 행동설명면접법에서 자주 물어보는 질문의 예이다.

- 학교나 직장에서 최선의 노력을 다 하였지만 문제를 해결하지 못하였거나, 목표를 달성하지 못했던 경우의 예를 설명해 주십시오. 그 일을 다시 한다면 어떻게 하겠습니까?
- 지금까지 학교나 직장에서 경험해본 일 중에서 가장 어려운 것은 어떤 것입니까? 그 일에서 성공하거나 실패한 이유는 무엇입니까
- 학교나 직장에서 스스로 주도적으로 일을 처리한 경험이 있습니까? 그 결과는 어떠했습니까? 그 결과에 대한 느낌은 어떻습니까?
- 당신이 스스로 터득한 시간관리 방법이 있습니까? 실제로 학교나 직장에서 어떻게 이 방법을 적용하였습니까?
- 어떤 경우에 당신의 커뮤니케이션 능력을 최고로 잘 활용하였습니까?
- 문장 능력을 이용하여 실제 생활이나 업무에서 성공한 경험은 어떤 것이 있습니까?
- 효과적으로 커뮤니케이션하기에 가장 어려운 때는 언제입니까?
- 자신이나 다른 사람의 동기를 유발하기 위하여 어떤 활동을 해보았습니까?
- 다른 사람이 반대하는 결정을 해본 경험이 있습니까? 그 사람에게 어떻게 했습니까?
- 작년에 대응하기에 가장 어려운 사람은 어떤 사람이었습니까? 그 사람에게 대응하기 위하여 어떻게 준비하여, 어떻게 행동하였습니까?

- 자신이 담당한 업무를 잘하지 못하는 사람과 같이 일을 해본 경험이 있습니까?
- 집단으로 책임을 지는 프로젝트에서는 어떤 문제점을 경험했습니까? 이런 문제를 해결한 방법은 어떤 것이 있습니까?
- 엄격한 상사와 같이 일을 해본 경험이 있습니까?
- 당신의 상사였던 분의 행동 중에 좋아한 것과 싫어한 것을 설명해주세요.
- 당신이 싫어하는 사람과 커뮤니케이션을 잘 진행하여본 경험이 있습니까?
- 과거 학교나 직장에서 당신을 잘 못된 길로 인도한 사람이 있었습니까? 그 사람에게 어떻게 대응했습니까?
- 동료나 부하인 사람의 성과를 비판하거나 꾸지람하여야 하는 경우가 있었습니까? 그 상황에서 어떻게 행동했습니까? 그 결과는 어땠습니까?
- 학교나 직장에서 리더십을 발휘한 경험을 말해주세요. 어려운 문제는 어떻게 해결했습니까?
- 학교나 직장에서 리더십을 발휘한 경험을 말해주세요. 어려운 문제는 어떻게 해결했습니까?
- 업무나 생활에서 비용을 절감하기 위하여 어떤 노력을 하였습니까? 비용이 과다하게 발생할 조짐을 사저에 파악한 적이 있습니까? 그런 문제를 처음 발견하였을 때 어떤 조치를 취하였습니까?
- 당신이 최근에 수행한 일에 대해서 물어 보겠습니다. 그 일에서 당신의 기술과 문제해결 능력을 잘 발휘하였습니까?
- 학교나 직장에서 실수를 하거나 결정을 잘 못한 경우를 말해주세요. 그 상황을 어떻게 해결하였습니까?
- 일을 잘하기 위하여 당신이 맡은 임무 이상을 수행한 경험이 있습니까?
- 문제를 해결하기 위하여 판단을 잘하여 성공한 경험이 있습니까?
- 취업준비를 위해서 당신의 기술과 능력을 최대한 잘 발휘한 사례를 말해 주십시오.

　면접자는 위와 같은 질문에 답하는 것을 보고 지원자의 능력과 자격을 객관적으로 분석하여 정확한 채용 결정을 할 수 있게 된다. 지원자는 자신이 실제 작업환경에서 어떻게 하였고, 또 그런 일이 발생하면 어떻게 할 것인가를 잘 표현하여 적절하게 대답하여야 한다.

3) 집단면접에 대한 연습

집단면접은 동일한 직위에 지원한 사람 다수를 집단으로 동시에 면접하는 면접방법이다. 이 집단면접의 목적은 지원자가 다른 사람에게 영향을 미치기 위하여 자신의 지식과 논리력을 어떻게 사용하며, 집단 내에서 다른 사람과 어떻게 상호작용하고, 리더십은 어느 정도 발휘하는가를 파악하고자 하는 것이다.

실제 면접에서는 시사적인 주제로 집단이 공동으로 해결해야 할 문제를 제시하는 경우가 많다. 피면접자는 한편으로는 자신의 리더십과 인간관계 능력을 보이면서 다른 한편으로는 자신의 지식과 논리력을 보이도록 노력해야 한다. 즉, 면접 중에 자신의 능력을 보여주는 것도 중요하지만 집단 내의 다른 사람에 대한 협조, 배려 등을 보여주어야 한다. 해결해야 할 문제에 대해 자기 나름대로의 독특하고 건전한 의견을 핵심적인 내용으로 짧게 표명해주고, 다른 사람이 의견을 말할 '때는 그 의견이 더 좋게 보이도록 지원하는 것이 좋다.

이 집단면접이 면접 중에서 가장 어렵고 스트레스도 많이 준다. 집단 면접을 실시하는 회사에 지원할 사람은 평소에 중요한 시사문제에 대해서 자신의 시각에서 해결책과 의견을 말해보는 연습을 해 둔다. 실제 연습은 친구들과 공동으로 해결할 문제를 설정하고 충분한 연습을 해 두어야 한다.

4) 압박 면접

면접을 할 때 가장 어렵고 쩔쩔매게 되는 면접이 바로 압박면접이다. 이러한 압박면접은 대답하기 어렵거나 곤란한 질문을 많이 하기 때문에 미리 이런 질문에 대비를 하고 면접에 임한다면, 보다 덜 당황할 수 있고 압박 면접에 답변을 할 수 있다.

① 처음 입사해서 주위 동료들이 당신을 따돌리고 있다. 그런데 대리 정도 되는 직장 상사가 당신에게 다가온다. 그 사람은 다른 사람과 달리 당신에게 매우 친절하고 다른 사람에게도 당신에게 호의적으로 대해주도록 많은 친절과 배려를 해주었다. 당신의 후견인처럼 많은 일을 도와주고, 밥과 술도 자주 사주었으며, 당신이 회사에 적응하는데 많은 도움을 주었다. 그러던 중 그가 보증을 서달라고 갑자기 말을 해온다면 당신은 어떻게 하겠는가?

질문의도 : 당신은 공과 사를 나눌 수 있는가? 개인적인 인간의 정은 얼마만큼 베풀 수 있는가? 돈에 대한 철학은 어떠한가? 거절의 방법은 어떠한가?

② 당신의 바로 위 상사와 또 그 위 상사의 의견 차이로 서로가 좋지 않다면?
질문의도 : 자기주관과 문제해결능력이 있는가? Yes Man인가? 주인 의식이 존재한가? 타협과 조정 능력이 있는가?

③ 휴가일정이 상사와 겹쳤습니다. 당신의 그 휴가는 부모님을 위해서 처음으로 준비한 일정입니다. 회사에서는 단 한사람만 갈 수 있다고 한다면 어떻게 하겠는가?
질문의도 : 개인주의 성향이 강하지 않은가? 양보의 정신과 협상능력이 존재한가?

④ 당신이 인사담당자라면 어떤 사람을 뽑겠는가? 당신이 지금 면접관이라면 어떤 주제를 중점으로 채점을 하겠는가? 어떤 질문을 하겠는가? 그 질문으로 원하는 사람을 뽑을 수 있다고 생각하는가?
질문의도 : 자신을 객관화 시킬 수 있는가? 자신의 강점과 약점을 잘 알고 이해하고 있는가?

⑤ 당신이 이 회사의 경영주가 된다면 어떤 일을 하겠는가?
질문의도 : 목표의식이 있는가? 회사에 대한 애착이 있는가?

⑥ 개인과 조직. 둘 중 어느 것이 더 중요하다고 생각 하는가?
질문의도 :개인주의 성향이 심한 신세대들에게 제시되어오는 질문으로 일에 대한 열의와 직업관, 사고방식, 생활자세 등이 복합적으로 평가될 수 있다는 점을 감안하여 신중한 답변을 해야 한다.
조직 생활에 우선순위를 두겠다고 말을 하지만 이때 이 이유에 대해서 타당한 이유를 제시 할 수 있어야 하며, 개인 생활을 제대로 영위하지 못하면서 조직에 충실 할 수 없기 때문에 자신의 가치관 없이 대답하는 것은 역효과이다.

⑦ 입사 후 이거만큼은 내가 최고다 하는 것이 있습니까?

질문의도 : 자신의 강점과 비교우위에 대한 확인이며, 자신이 잘하는 것이 잘 모르는 사람에게는 회사에서 맡은 일을 주어도 기회를 살리지 못하는 경우가 많다.

⑧ 당신이 희망하는 부서는? 입사 후 자신이 원하던 부서가 아니면 어떻게 할 것인가? 회사에서 맡은 업무 이외에 다른 바쁜 업무에 투입되어 청소를 하거나 설거지를 할 수도 있다. 가능한가?

질문의도 : 목표의식에 대한 구체적 근거가 제시되는지 지켜보고자 하며, 자신이 하고자 하는 업무에 대한 구체적인 제시 없이 자신이 원하는 업무만 할 수 있다는 답변은 자기중심적으로 비쳐질 수 있다.

⑨ 보수와 직장에서의 인간관계 중 하나를 포기하라면 어느 것을 포기하겠나?

질문의도 : 돈에 대한 가치관과 대인관계 패턴에 대한 것을 알려는 의도이다.

⑩ 상사가 납득하기 힘든 지시를 한다면? 경영자가 회계장부 조작을 시킬 경우 어떻게 할 것인가?

질문의도 : 윤리성에 대한 개인의 가치관 및 행동(대처)양식에 대한 질문이다.

5) 자신의 질문 준비

지원자에게 질문을 할 수 있는 기회를 주는 경우도 있다. 이때는 한두 가지 질문을 하여 면접을 위하여 상당한 준비를 하였고, 해당 회사에 대해서 많이 알고 있다는 것을 보여줄 필요가 있다. 이 자리에서 지원자가 임금이나 복지에 대해서 물어보는 것은 좋지 않다. 보통 적절한 질문으로는 입사하여 처음 맡을 업무, 승진 기회, 해당 기업의 새로운 발전 방향, 인사 평가 방식, 업무 환경, 교육 훈련 등이 있다.

6) 겉모습과 옷차림

면접에서는 첫인상을 좋게 주는 것이 매우 중요하다. 한 연구에 의하면 취업면접에서 처음 5분 동안에 좋은 인상을 준 사람의 75%는 성공을 하였고, 나쁜 인상을 준 사람의 10%만 성공하였다.

첫인상을 형성하는 데는 30초 정도가 소요된다. 첫인상을 좋게 심을 수 있는 기회를 한 번뿐이다. 말보다는 겉으로 보이는 모습이 먼저 인상 형성에 영향을 미치기 때문에 겉모습에 따라서 면접의 성공이 결정되는 경우가 많다. 면접이 있기 며칠 전부터 잠을 충분히 자고 좋은 음식을 먹어서 편안한 모습이 되도록 한다. 목표로 하는 직무 수준에 적합한 복장을 갖추어야 한다. 해당 기업의 복장 스타일에 대한 정보가 없을 경우에는 점잖게 옷을 입는 것이 좋다.

남자는 어두운 색의 정장이 적합하다. 셔츠는 옅은 청색이나 흰색 등이 적합하다. 넥타이는 점잖음을 유지하는 범위 내에서 약간 화려한 것도 가능하다. 넥타이의 넓이는 양복 깃의 넓이를 넘지 않도록 하고, 길이는 혁대의 버클을 덮지 않도록 한다. 양말은 색이 어두운 것으로 한다. 구두의 색도 어두운 것으로 하고 잘 닦아야 한다. 수염은 깨끗이 면도를 하여야 한다. 꽁지머리를 하거나 귀걸이를 하면 다른 사람과의 조화에는 별로 신경 쓰지 않는다는 인상을 줄 수도 있다. 남자는 단순하고 짧은 머리 스타일이 좋다.

여성의 경우에도 점잖은 복장이 좋다. 옷의 색은 짙은 감색, 중간 회색, 진한 회색, 담황색 등이 적합하다. 스카프나 보석은 너무 튀어 보이지 않는다면 사용해도 좋다. 단순한 머리스타일을 하여 차분한 분위기가 나게 한다. 화장과 향수는 최소한만 한다. 너무 요란한 차림새를 하면 전문가의 이미지를 주지 못할 수도 있다.

면접 과정에 자신의 개성이 돋보이도록 해야 한다. 열정과 긍정적인 태도를 보이면 심사자의 관심을 모을 수 있다. 미소를 지으며 긍정적인 이미지를 주기 위해서 노력한다. 실제 면접에서 몇 번 미소 짓는가를 세어보는 기업도 있다.

참고문헌

강치원, 『토론의 힘』, 느낌이 있는 책, 2013.

공주대학교 기초교육센터 교재편찬위원회, 『창의적 사고와 표현』, 공주대학교출판부, 2012.

공주대학교 기초교육센터 교재편찬위원회, 『창의적 사고와 표현』, 공주대학교출판부, 2015.

교육부, 『2015 고등학교 교육과정 : 화법과 작문』, 교육부, 2015.

김미성, 『백전불패 프레젠테이션』, 미르북스, 2012.

김복숙, 『토론의 방법』, 국학자료원, 2007.

김왕기, 『회사가 뽑고 싶어하는 사람』, 시공사, 2014.

김재성, 『퍼펙트 프리젠테이션』, 에이콘, 2012.

민영욱, 『성공하는 사람들의 토론의 법칙』, 가림출판사, 2003.

박민영 외, 『너, 프레젠테이션 처음이지?!』, 시대인, 2016.

백미숙, 『프레젠테이션 스피치로 승부하라』, 교보문고, 2013.

배상복, 『일반인을 위한 글쓰기 정석』, 경향미디어, 2006.

시사상식연구소, 『최신 이슈 & 상식』, ㈜시대고시기획, 2017.

신재한 외, 『토의·토론 교육의 이해와 실제』, 한국학술정보, 2012.

유동걸, 『토론의 전사1, 2』, 해냄에듀, 2012.

윤치영, 『마음을 움직이는 따뜻한 대화법』, 시그널북스, 2013.

윤희원 역, 『좋은 화법과 화법 지도』, 교육과학사, 1999.

이경윤, 『대화 리더가 되게 하는 지식 & 이슈 상식 330』, 북네스트, 2017.

이정옥, 『토론의 전략』, 문학과지성사. 2008.

이주행 외, 『화법 교육의 이해』, 박이정, 2004.

이창덕 외, 『삶과 화법』, 박이정, 2013.

_____, 『화법 교육론』, 역락, 2010.

임칠성, 「토론의 본질과 토론 지도」, 『화법연구』18, 한국화법학회, 2011.

임태섭, 『스피치 커뮤니케이션』, 커뮤니케이션북스, 2003.

전영우(1999), 『토의 토론과 회의』, 집문당.

전은주(2001), 『말하기·듣기 교육론』, 박이정.

정문성(2017), 『토의 · 토론 수업방법 84』, 교육과학사.

최복자, 「토론 능력과 토론 교육」, 『화법연구』8, 한국화법학회, 2005.

한국교육과정평가원(2006), 『초·중고 토론학습지도자료 (1) (2) (3)』.

현혜진, 「효과적인 토론수업 방안 연구」, 성신여대 석사논문, 2010.

황순자, 「신문을 활용한 토론학습 방법 연구」부산교대 석사논문, 2007.

황지원, 「대학 토론 교육의 의미와 구체적 적용 – 토론 관련 교양 교과목의 실제 활용을
    중심으로」, 『교양교육연구』제7권 제3호, 한국교양교육학회, 2013.

로버트 스터버그 외(정명진 역), 『실용지능』, 부글Books, 2008.

앨리스 토머스(정명진 역), 『나 자신에게 던지는 1000가지 질문』, 들녘, 2006.

존 M 에릭슨 외, 서종기 옮김, 『디베이트 가이드』, 길벗, 2013.

피어스 J. 하워드(이호은 역), 『비즈니스 관계 심리학』, 타임스퀘어, 2010.

하워드 가드너(문용린 · 유경재 역), 『다중지능』, 웅진지식하우스, 2007.

하워드 가드너 외(김정휘 역), 『지능심리학』, 시그마프레스, 2006.